# あなたのまわりの
# データの不思議
### 統計から読み解く

景山三平

実教出版

統計から読み解く Statistics
# あなたのまわりの
# データの不思議

## はじめに

**19**世紀のイギリスの政治家で首相を2度務めたベンジャミン・ディズレーリ（1804 〜 1881）の名言のなかに次のものがあります。

「統計のウソにダマされるな。世の中には3つのウソがある。

1つはウソ，次に大ウソ，そして統計である」

イギリスの首相を務めたような人にもウソつきよばわりされ，企業には都合のよい数字をつくりあげられて人々をダマすことに一役買ってしまうこともある統計ですが，私たちはそれでも統計を信用しても大丈夫なのでしょうか。

はい，大丈夫です。

たとえば，現在，中学校3年生で学ぶ「標本調査」（11選でふれます）によって得られた統計データにもとづく議論は，社会的にも十分に信用されています。安心してください。

ディズレーリは「統計のウソにダマされるな」といいましたが，それにもかかわらず，統計的な考え方・見方の有用性は永く謳われ今日にい

たっています。1例を示してみましょう。

　私たちの身のまわりには，実に多様な統計情報があふれています。たとえば，テレビのお天気コーナーで翌日の降水確率が毎日発表されています。さて，みなさんが楽しみにしている日の降水確率が60％の予報だったら，その日は雨具をもっていきますか？　これはその人の生活スタイルにより対応が変わると思いますが，多くの人が雨具の用意をするのではないでしょうか。この60％という数字やそれによって雨具をもっていこうとする判断が，まさに統計的な考え方となります。

　すこし大きな話をしてみましょう。国政選挙では，投票日の午後8時の開票時刻になると同時に，候補者の当確などをテレビで報道しています。2016年の夏の参議院選挙でもそうでしたね。まだ実際の開票作業が始まっていない開票率0％の時点で，各局では当選確実の一報を流していました。みなさんもこういった報道を受けて，だれが当選したのかを知るのではないでしょうか。実は，ここにも統計的な考え方が利用されています。

　社会において統計データはいろいろと利用されています。テレビや新聞でも，ほぼ毎日さまざまな調査結果を示して私たちに伝えてきます。

いまや統計は国民的素養の1つになりつつありますが，その実相は何でしょうか。

現在では小学校1年から中学校そして高等学校1年までの10年間は統計的な内容を学校で必修として学んでいますが，どうしてもいまひとつよくわからないという方もおられるかもしれません。この10年間の学習は，基本的には算数や数学の授業のなかで行われているため，そう思ってしまうことは仕方ないことかもしれませんが，その苦手意識から脱却する意味でも，統計はデータの森のなかで活躍するもので，数学的に考えることが主なことではないことを，まずもって意識してください。ですから数学が好きではなかった人も，統計は十分に楽しめると思います。しかし，データの森では，よく迷い，また落とし穴もあり，何となくダマされて間違った道を進んでしまうこともあります。

本書では，興味深いデータや多様な話題を通して，統計と友達になり，世の中をみて頂きたいという想いで，統計を眺める際の心構え，統計のもっている特徴や注意してほしいこと，さらには統計に接する楽しさを述べています。その結果，統計の適切な見方が身につき，統計データの落とし穴にはまらないようになることを目指しています。統計を通して

# 44 topics

みると，世界は違って見えますよ。

　読みやすいように話題別に箇条書き的に記述していますので，まず目次を眺めてください。1 選から 28 選までが主に統計データにまつわる話，後半の 29 選から 44 選で確率に関連した統計の話を中心にまとめています。みなさんの興味・関心に応じてどこから読まれてもかまいません。気楽に読んでみてください。統計がみなさんの身近にあることに気づき，そしてそれらが心のより所になることを信じています。

　また，文中には選の内容の流れとは関係が薄い，しかし統計的には興味深い話題を囲み記事として 22 テーマ紹介しています。これらも楽しんで頂けると幸いです。

　最後に本書の執筆にあたり，実教出版の横山晃一さんには，原稿を辛抱強く読んで頂き数多くの助言を頂きました。この場を借りて，深くお礼を申し上げます。

2017 年 3 月

景山　三平

## 目次 Contents

はじめに 2

| | | |
|---|---|---|
| 1選 | あなたも毎日「統計」をつかっている！ | 10 |
| 2選 | 百聞は一見に如かず！ | 14 |
| 3選 | 統計はウソつき？ | 20 |
| 4選 | 日本にはびこる"平均病"！ | 24 |
| 5選 | 自分の子の成長は気になる！ | 28 |
| 6選 | 一発逆転は評価できるか？ | 30 |
| 7選 | 違うものどうしを比べるには？ | 34 |
| 8選 | 山師が穴を掘れば金鉱脈にあたるのか？ | 38 |
| 9選 | 偏差値は神様？ | 42 |
| 10選 | 国はすべてしっている？ | 46 |
| 11選 | 一を聞いて十を知る？ | 50 |
| 12選 | 学校は日本の縮図なの？ | 52 |
| 13選 | 温泉浴や運動はかぜの特効薬？ | 56 |
| 14選 | 予防接種はした方がいいのか？ | 60 |
| 15選 | 遺伝は法則にしたがうのか？ | 62 |
| 16選 | 視聴率におどらされるテレビ番組！ | 66 |
| 17選 | 世論調査は正しいのか？ | 70 |
| 18選 | 美味しいみそ汁がつくれる人は世論調査も上手！ | 76 |
| 19選 | 選挙の当落速報は正しいのか？ | 80 |
| 20選 | 当選予測の世紀の大誤算！ | 84 |
| 21選 | カエルの子はカエル？ | 86 |
| 22選 | 湖にいる魚の総数がわかる？ | 88 |
| 23選 | たばこを吸うとがんになりやすい？ | 92 |

| | | |
|---|---|---|
| 24選 | このままでは日本人が消えてしまう！ | 98 |
| 25選 | 男性は女性より多く生まれるようにできている？ | 102 |
| 26選 | 日本の将来は大丈夫？ | 104 |
| 27選 | 人間の寿命は天井知らず？ | 108 |
| 28選 | 日本は東へかたむいている？ | 112 |
| 29選 | 賭け事に必勝法はあるのか？ | 114 |
| 30選 | 公営ギャンブルは取られ損！ | 116 |
| 31選 | くじ引きは早いもの勝ち？ | 118 |
| 32選 | 宝くじを買うときの注意点！ | 120 |
| 33選 | あす雨がふるのかな？ | 124 |
| 34選 | サイコロにまつわるエトセトラ！ | 128 |
| 35選 | 999999999もランダム！ | 132 |
| 36選 | 65年以上生きる人は交通事故に気をつけろ！ | 136 |
| 37選 | となりの人の誕生日は同じかも？ | 138 |
| 38選 | いいことも悪いことも続けて起こりがち？ | 140 |
| 39選 | タマタマはいつつくるの？ | 144 |
| 40選 | 連勝ってどこまでできるの？ | 148 |
| 41選 | お年玉年賀はがき離れ！ | 150 |
| 42選 | 信長と秀吉のさい銭投げのヒミツとは？ | 154 |
| 43選 | いん石の6,000万年の旅！ | 156 |
| 44選 | 学校で習う確率と社会で使う確率は同じなの？ | 158 |
| | おわりに | 162 |
| | 参考資料 | 164 |
| | 付録 | 166 |
| | 索引 | 172 |

目次 Contents

コラム ___ column

01 統計の起源 ……… 13
02 平成の米騒動は本当か？— 作況指数 ……… 18
03 それはクセ？ ……… 23
04 中央値の歴史 ……… 27
05 誇張表現？ ……… 33
06 速度の平均 ……… 37
07 便利な標準量 ……… 41
08 知能指数は本当？ ……… 54
09 体重の重い軽いが航空機事故に影響する？ ……… 59
10 GHQは日本語が嫌いだった？ ……… 69
11 世論調査のはじまり ……… 75
12 出口調査の方法 ……… 83
13 玉の総数の推測 ……… 91
14 運命を左右するくじ引き ……… 101
15 標本調査の歴史 ……… 107
16 高齢化スピードは世界のトップクラス ……… 111
17 まさかのくじ引きでの将軍決定 ……… 119
18 日常生活と偶然 ……… 127
19 サイコロの起源 ……… 135
20 乱数表 ……… 143
21 地価上昇率の平均 ……… 147
22 いん石はまた落下してくる？ ……… 153

統計から読み解く

あなたの
まわりの
データの
不思議

**Wonder
of data
around you**

Sanpei
Kageyama

# 1選

Statistics

# あなたも毎日「統計」をつかっている！

この世には，結果が決まりきっている確定的な現象より，2通り以上の結果が想定される不確定的な現象の方が，はるかに多いと思います。たとえば，天気予報や競馬・競輪・競艇の勝ちの予想をはじめとして，結婚したらうまくいくかどうかといった問題など，日常生活のいろいろな場面で「不確かさ」に出くわすことが少なくありません。私たちはその複数のなかから1つを選択する判断を常に求められているのではないでしょうか。では，その判断基準は何でしょうか。人によりさまざまだと思いますが，みなさんは結果的には意外と無意識に統計的な見方・考え方を使って判断しているのですよ。

## 統計は魔法のツール？

日々の生活のなかで，もしわれわれが出会う不確定的な現象がすべて解明できる魔法のツールがあったとしたらどうでしょうか。こんなに嬉しいことはないと思ったり，人生が楽しくなると感じたりするかもしれませんが，はたしてそうでしょうか。実際には，何事も事前にわかり世の中がつまらないものに感じてしまうかもしれませんね。たとえば，結果がわかってしまっているので，将来はバラ色の人生が待っているかも

しれないといった夢はもてなくなってしまうかもしれません。明日がどうなるかわからないから人間は努力するのではないでしょうか。

　幸か不幸か，そんな便利なツールは実際にはありませんので，このようなことは杞憂なのですが，とはいっても，やっぱり事前に結果がわかるのであれば知っておきたいと考えてしまうのは人のサガでしょう。

　魔法のツールではないですが，こういった不確かさをすこしでも確かなものに近づけるために統計が用いられることは，広く知られています。その証拠に，統計はさまざまな分野における現象やできごとの分析に役立てられていますし，身のまわりや生活のなかでも想像以上に用いられています。私たちの情報源でもある新聞・テレビ・インターネットなどでも，信ぴょう性を高めるために，統計データが使われています。しかし，これらデータを用いる際には気をつけたいことが多くあります。そのうちの1つが，どのようにデータが集められたのかということです。

## ● 統計で大事なことは？

　そもそも，統計はだれがとっているのでしょうか。意外かもしれませんが，特別な能力をもった人というわけではなく，いわゆる普通の人がとっているのですよ。

　統計をとるには，まずは分析の目的にかなう適切なデータが必要となります。そのなかで，肝心なポイントは，実際に課題としている現象をよくよく観察することです。せっかくとったデータも，実は必要のないものだったりしたら無駄になってしまいます。どのようなデータが必要なのかをよく考えてから集めることが大切です。

　みなさんがよく目にするいわゆる統計は，データの形をした数値であるとか，視認しやすいグラフなどではないでしょうか。これらのよく見る形にいろいろと処理していくための数式などは，適正に現象を認識するための1つの策にすぎません。与えられたデータをどう視覚化するか

はデータをあつかっている人の見識を使えばよく，これらはすべて集めた後の話です。まずは適切にデータを集めることが大事になります。

## ● 偏ったら統計ではない

さて，統計に使うためのデータが集められた後はどうしているのでしょうか。いろいろな方法で分析が行われることになりますが，どの方法で行われるとしても，もっとも大切なことがあります。それは，統計解析は人間としての常識の手法にもとづいて行われなくてはならないということです。統計数字がデータ分析の主体であることは確かですが，それだけが判断材料のすべてであると思い込まないことが肝要です。数字の背景となっている現象をよく観察し，その現象が何を意味しているかを感じ取る努力がいつでも大切となります。常識とは，広辞苑には「普通，一般人が持ち，また，持っているべき知識。専門的知識でない一般的知識とともに理解力・判断力・思慮分別などを含む。」とあります。偏見が含まれていては，とても常識とはいえないということですね。私たちに届けられる統計数字が偏見の入っていない常識的なものであることを願いたいものですが，実際はどうなのでしょうか。

## ●「統計」の意味

統計という言葉の「統」は，「すべて」という意味をもっていて，「計」の方は，「はかる」と読むことができます。可能な限り多くの情報を集め判断をはかる，これが統計に対する広い意味でのとらえ方といえます。ここで情報とは，データの形をした数値だけに限るものだけではなく，どう行動したらよいかの指針を与えてくれる最終段階の意味でのものも含みます。このように統計的なものの見方・考え方というものは，ちまたでいう数学的な思考などとは比較にならないほど，広範囲に適用することのできる考え方なのです。

## コラム column 01 ― 統計の起源

統計という言葉に対する英語表現は statistics で,このなかに含まれている state は,状態とか州とか国家を意味しています。これはラテン語の status に由来するそうです。歴史的にみますと,17世紀にイギリスに発生した政治算術とかドイツの国勢学といったものの流れを汲んでいます。ドイツのヘルマン・コリング教授が国家事情に関する講義「国勢統計学」(1660年) で国勢調査の必要性を主張しました。これはドイツ国内が宗教戦争の最大にして最後の戦争といわれた三十年戦争（1618〜1648）の戦場になり,国内の荒廃のあとの再建にあたった時期で,当時の国力を知る必要があったからだといわれています。

今日でも,官庁統計,人口統計,労働統計,社会統計,工業統計,経済統計,企業統計,教育統計といったまとめ方がされるように,統計は国家行政と密接な関係をもって発展してきました。まさに統計は国の発展に欠かせない情報といえます。「国家の存するところ統計あり」という言葉があるぐらいです。

# 2選 Statistics
# 百聞は一見に如かず！

小学校以来，学校教育のなかでも社会においても，私たちはデータのまとめ方の1つとして日常的に表やグラフに接してきています。表やグラフは情報の表現手段です。

## ● 数字と図と，どちらがみやすい？

このようなデータのみえる化（視覚化）は，ものごとの全体を直感的に把握するのに大切な要素になっています。言葉で多くを語るよりは物を見せた方が理解が早いことは，みなさんも経験的にわかると思います。テレビ報道や新聞紙上でもグラフや図が登場しない日はありませんね。

たとえば，幹葉図はみなさんがよく目にする列車やバスの時刻表での利用が典型例ですし，箱ひげ図は株価変動など複数の状況を比較したい場合にとても便利なものです。このように，情報やメッセージのグラフ表示は現代社会では日常茶飯事です。

## ● データのみえる化の位置づけ

実際に収集したり，また他の方法で入手した統計データをまとめる方法は，次の3通りに大別されます。

(1) 表に整理してまとめること：度数分布表，クロス集計など
(2) 図やグラフに表して考察すること：円グラフ，帯グラフ，ヒストグラム，散布図など
(3) 統計値を求め，それらを利用して推論すること：平均値，中央値，標準偏差，変動係数，相関係数，カイ2乗統計量など

実際の場面では，上記(1)〜(3)の方法は併用され分析が進められ，みんなが納得できるような結果が発表されています。詳しくは参考資料にあ

げている書などを見てください。とくに，この選では(2)のグラフについて，もうすこし述べます。

## ● グラフはわかりやすい

　統計データは数表で眺めているだけではわかりにくいものです。そのまま使うのでは，隠れた関係や特徴がみつけにくいなど，十分に活用できず非常にもったいないことになります。図やグラフに表してはじめて変動の姿がみえてくることが多いので，ぜひ，図やグラフで表現したいものです。

　たとえば，日本のお米の年間生産量（トン）についてみてみると，近年では作況指数が 100 前後で推移していることがわかります。2010 年からの 5 年間のデータは次のようになっています。

| 年 | 2010/11 | 2011/12 | 2012/13 | 2013/14 | 2014/15 |
|---|---|---|---|---|---|
| 生産量 | 772 万 | 764 万 6 千 | 775 万 6 千 | 783 万 2 千 | 770 万 |

（出典：USDA『World Markets and Trade』）

　みなさんは，このデータから年間生産量の推移をどのように感じますか。数字ではわかりにくいので，試しにこのデータのグラフ表示を 2 種類考えてみます。

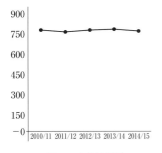

図 1　変化は横ばい

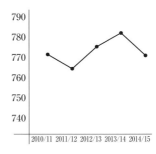

図 2　変化は激しい

図1は生産量の水準をゼロ線からの高さで示し，図2ではゼロ線を省略し変動部分を中心に示しています。生産量の変動を誇張して印象づけるためには，図2のかき方が効果的ですが，図1のグラフに「生産量の変化は横ばい」と説明をつけても多くの人は怪しまないでしょう。

　新聞やテレビなどのメディアであっても，このようなグラフの不適切とも思える記載や解釈をみることがあります。注意したいものです。日常，テレビニュースで目にする円相場や日経平均株価の変化のグラフにおいては，図2のように目盛りのカットを用いて表示するのが普通になっています。これは小さな変化も的確に確認し伝えたいためです。

　この視覚化は万能にみえる一方で，わかった気にさせるという反面もあります。さまざまな現象を説明するグラフ表現は，多くの情報を含み，直感に訴えるものをもち，客観的な情報を与えてくれますが，グラフを読む際に誤解させる危険性をはらんでいるということにも注意しなければいけません。これは欠点につながります。

　さきほどのグラフでは，たて軸の基準点操作で誤解を与えるもので，目盛りのカットでも誤読をまねくことを示しています。みなさんが誤解しやすいものとして，ほかに，次のようなこともあります。

(1)　折れ線グラフなどは，よこ軸，たて軸の取り方で折れ線の傾斜がいくらでも変えられますので，変化の程度に誤解を与えることがあります。たとえば，同じデータに対する図3の3つのグラフで感じてみてください。左上のグラフをもとに，たて軸の目盛りが同じでよこ軸の目盛りの刻み方が異なるものと，よこ軸の目盛りが同じでたて軸の目盛りの刻み方が異なるものになっています。いかがですか。

(2)　目盛りの刻み方でグラフの印象が変わることは確認できましたが，もう1つ微妙に注意してほしいことがあります。図2ではゼロ線も目盛りの省略の記号もありませんが，その両方がある場合です。

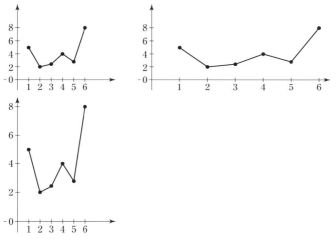

図3 軸の刻み方の違うグラフ

　図4と図5は，ある年の月例変動について示したまったく同じことを表しているものです。同じことをいっているはずなのに，目盛りの刻み方でこうもグラフの印象が変わります。では，あなたなら図4のグラフ（変動が大きい）と図5のグラフ（ほとんど変動なし）をどのような目的に使いますか。両者にゼロ線はありますが，図4にはたて軸に目盛りの省略の記号が入っていることに注意してください。

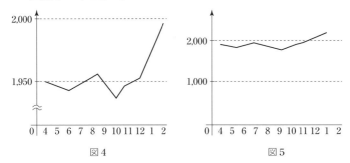

図4　　　　　　　　　　　　図5

筆者は，グラフ表示では，ゼロ線の明確化と目盛りの刻み方の適切さに常に注意をはらってほしいと思います。図1と図2の表示には問題がありますが，図4と図5は冷静にみれば同じ情報量を示していて，決して読む人をダマそうとしてはいません。印象が異なってしまうのは，グラフ表示の目的の違いのためだと考えます。

　グラフはだれがみても誤解がなく，正しく情報が伝わるようにつくることが望ましいです。しかし，よりわかりやすくみせようとするあまり，かえって誤解を生むグラフになってしまうことも少なくありません。私たちは，これらのことに注意してグラフを作成し，作成されたグラフから情報を読み取れるようになりたいものです。

　グラフの作成方法には，これでなければならないといった決まりはありません。自分の当面の課題に応じて，より適切な表示方法を適宜工夫していくことが大切です。

　自分の伝えたいように見え方を意図的に変えるちょっとしたゴマカシは，人間ならだれでもしてしまいがちです。でもこのようなグラフの誤用は，とくに統計をあつかうときには，誤った判断を相手にさせる説得力が強くなりますので，ぜったいに避けたいものです。しかし，悲しいことに，このようなことはしばしば世間では自分に都合よく訴えるために行われています。

　　　米は日本人にとって大切な食料の1つです。戦後の1948年以来，農林水産省令によって作況調査が実施されています。作柄は平年作を100として，作況指数106以上を「良」，105～102を「やや良」，101～99を「平年並み」，98～95を「やや不良」，94～91を「不良」，90以下を「著しい不良」とした計6ランクで表します。日本の米の生産量は最近では約800万トンなので，指数が1変わるごとに，収穫量が約8万トン変動する計算になります。

統計をとり始めた1948年以降，作柄の最高は1955年の118（10アールあたり収量396 kg），最低は終戦の年の1945年の67（10アールあたり収量208 kg）となっています。平成以降の最低値は1993年の74（10アールあたり収量367 kg）で，このときは平成の米騒動が起きました。

　ここで，お気づきの方もおられると思いますが，この数字にはダマされる要素があります。実は，品種改良や栽培技術の進歩に伴い，農林水産省がはじきだす「平年」の水準も高くなっているため，10アールあたりの収量は最高といわれた1955年の396 kgに対して，平成に入って最低であった1993年の367 kgはそれほど大きな開きはありません。平年値は年々向上する傾向にあるため，過去の時点において作況指数が良とされた収穫量でも，後年の収穫量と比較してみると，往々にして不良となる場合があるようです。一概にはいえませんが，平成の米騒動のときには実は十分な量のお米があったのかもしれませんね。

　ちなみに，過去9年間の作況指数をみると，2008年から2016年までは，102，98，98，101，102，102，101，100，103と推移しています。98の「やや不良」が気になりますが，まあまあの作柄が続いているといえるのではないでしょうか。2016年の作況指数は103の「やや良」と豊作でした。

> コラム — column 02
> 平成の米騒動は本当か？——作況指数

# 3選 Statistics
# 統計はウソつき？

　本当にデータ改ざんのニュースが多い世の中です。昨今のノバルティス社の高血圧薬に関する論文の臨床データの改ざん問題，三菱自動車やスズキ自動車の話，さらには経済産業省の繊維流通統計調査での不正の話は記憶に新しいですね。とくに，三菱自動車は1991年から四半世紀もの間，データ操作を続けていたというから呆れます。なぜこういったことが起きてしまうのでしょうか。

### ● 統計にウソが入るのは必然？

　調査対象者に申告してもらう形の統計データには，ある程度のウソの回答が含まれることは避けられません。

　たとえば，あなたが路上でアンケートを求められ答えたとします。そこに年齢を書く項目があったら，すこしだけサバを読んだりした経験はありませんか。こういったことがすこしずつ紛れてしまうのは仕方のないことなのです。会社でもそうです。たとえば，サービス業，不動産業や中小建設業など一部関係業者の売上額にはいろいろと過少申告があるといわれています。

　実際にこんな例があります。ある標本調査において，初婚と再婚のパターンで区分けした項目に着目すると，初婚どうしのカップルが90％以上となっていました。ところが人口動態統計の方でみると，初婚どうしの組み合わせが9割を超える年はありません。聞き取り調査をするときは，ウソの回答は回避しにくいものです。これは人間がもつ見栄が原因の1つでしょう。

　このように，統計がウソをつくのではなく，取り扱う人が無意識のうちに（なかには意識的に）ウソをついてしまっていることが多いのです。

## ● データをあつかうときの心得

コンピュータの普及に伴い情報化時代ともビッグデータ時代ともいわれる昨今，データに振り回されて日々を過ごしている人が実に多いと感じています。まさに情報禍の時代です。データの収集計画がずさんなため，とんでもなく不適切な情報を含んでいるデータとか，理屈から考えて得られるはずもないデータなど，とにかく怪しげなデータがあちこちでみられます。気をつけたいものです。

データというものは，本来の情報以外に，もろもろの誤差を伴うものです。このままでは信頼性が保てませんので，この誤差の部分をうまく除去することが，データを分析する際の大切なポイントになります。データを収集する際の基本として，次の留意点があります。

(1) だれがやっても同じような状況が得られること
(2) 何回観測を行っても条件が変わらないこと
(3) 既存データを利用するときは，データの出所をよく調べて，だれが，だれのために，いつ，どんな目的で集めたデータであるかを，確かめること

歴史的にみても，科学の発見のウラには，この(1)〜(3)のどれかが満たされずマボロシの発見になったケースは枚挙にいとまがありません。新しいものですと，2014年にスタップ細胞発見（理化学研究所）という世界を巻き込んだ驚きのニュースが報道されましたが，結局上記の基本

の1つである(1)に述べた再現性が世界のその後の研究でも確認できず，その細胞の存在はほぼ否定されました。基本を無視しての言動はありえません。思考や実験は謙虚に実行したいものです。

## ● どんな誤差があるの？

入手したデータが真の値と食い違う原因として誤差の存在をあげましたが，その原因には次の3通りのものが考えられます。
 (1) 間違い：うっかりの間違い
 (2) 偏り：特定のクセによる間違い
 (3) バラツキ：偶然の散らばり

私たちの知識を総動員して，できるだけ偏りを除いたとしても，測定をくり返したとき，ピッタリ同じ値が得られるとは限りません。このとき測定値には偶然によって値が変わってしまうものが含まれているとみなします。これは測定誤差といわれています。この偶然のバラツキを伴う測定値の中から真の値を推定するには，バラツキに関わる法則をまず見つけ，その法則を踏まえたうえで測定値を考えていくことになります。

## ● 統計のウソを見破れる？

統計にはウソが含まれているとよくいわれます。では，統計のウソを見破るポイントはあるのでしょうか。アメリカの作家で『統計でウソをつく法』の著者であるダレル・ハフによると，それは次の5つの鍵に留意することとされています。
 (1) だれがそういっているのか？（統計の出どころに注意）
 (2) どういう方法でわかったのか？（調査方法に注意）
 (3) 不足データはないのか？（隠されている資料に注意）
 (4) いっていることが違っていないか？（問題のすりかえに注意）
 (5) 意味のあることだろうか？（常識に照らしてどこか変ではないか）

統計というものにダマされないように、お互いに注意してデータを謙虚にじっくりと眺めたいものです。

## ● その統計は必要？

統計を使った議論には、実は、その統計を使う必要がないことが多々みられます。また、そういったことに使われる統計は、事実を明らかにするためよりも、ごまかすために利用されてしまっていることがあります。要は、それを用いる人の見識や誠実さ次第ということです。だからこそ私たち受け手も常識力の向上が大切となるわけです。

また、いまでは、統計に関するさまざまな計算は、そこであつかっている統計の手法の意味を理解しないでもコンピュータで容易に行うことができます。しかしその手法の意味がわからずただ計算してもその計算結果を適正に活用できないことも多く、場合によっては誤った判断を導いてしまう危険性があります。

> コラム —— column 03
> **それはクセ？**
>
> ある人が貧乏ゆすりをしているのを見た、それも一度ならず何度もです。こんなとき、あの人は変なクセがある、と人はいうかもしれません。一方、毎日三度三度ご飯を食べている人を指してクセがあるとはだれもいわないのではないでしょうか。
>
> クセとは、再現性に加えて特異性をももっていなければなりません。統計ではデータのクセを読み取って適切な判断を与えることが求められます。さらに、どんな解析手法を選ぶかにも、その解析する人なりのクセが介在します。統計で大切なのは、集めたデータのクセを適切に見つけること、また、解析した人のクセに左右されずに、他人にも集めたデータの妥当性が正しく伝わることです。

# 4選 Statistics
# 日本にはびこる"平均病"！

　大安のある日曜日，全国で1万8千組の結婚式が行われたようで，新聞に「4.8秒に1組のカップル誕生」と報じられていました。本当に秒単位で結婚式が行われていたのでしょうか。

## ● インパクト重視？　わかりやすさ重視？

　1日は8万6,400秒ですから，$86,400 \div 18,000 = 4.8$ と計算したのでしょうが，真夜中に結婚式をあげる方はまずいないですし，挙式時間だってたった数秒ですむはずもありません。わかってしまえば実に無意味な値ですが，インパクトは大きいですね。こういう印象重視の数の表現はいたる所で目にします（コラム05も参照）。このような平均の値の使い方は感心しませんね。その日の挙式数の多さを報じたいのであれば，年間の挙式数から日平均を求めておいて，1万8千組がその何倍にあたるかを示した方が，より本質的ですし，どのくらい多いのか，わかりやすいのではないでしょうか。このように平均の値の利用には，いろいろと注意を払わなければなりません。

## ● 平均値は万能の値？

　世の中，平均的な人っているのでしょうか。平均って何となく真中に位置するものを表している言葉のように思えますが，はたしてそうでしょうか。テレビや新聞などでも「平均的なサラリーマンである」といういわれ方も耳にしますが，これは年齢についての平均なのでしょうか，それとも給与所得額についての平均なのでしょうか。また，電力やガス料金の値上げの際に，平均的な家庭では何円上がる，というような報道がみられますが，平均的な家庭ってどのような家庭でしょうか？

平均とは読んで字の如し，平らに均すと書きます。つまり，すべてのデータの和をそのデータ数で割ったものが平均の値です。平均の値はそれらのデータの集まりの中心的な傾向を代表する値であるとよく紹介されています。これはどんな場合でも本当なのでしょうか。

## ● 平均が役に立たない？

　全体を把握するのに代表値として平均が役に立つことは実に多いですね。しかし，平均はデータ全体を代表しないこともあります。たとえば，ある会社の平均所得月額を考えてみましょう。全体をよく代表すると思われる 10 人を選び，調べたところ次のようなデータが得られたとします。

　　　12, 16, 16, 16, 24, 24, 28, 32, 52, 60（各万円）

　彼らの平均所得額は 28 万円となりますが，この平均より多くの月給をもらっている人は 3 人しかいません。つまり平均以下の人の割合は 7 割もいることになります。これは某社の例ですが，目を日本全体に向けてみたらどうでしょうか。この会社のように平均以下の人の割合の方が多いということはないでしょうか。もしそういうことがあるとしたら，それは豊かさを実感できない人が多いことを示していることになります。この例の場合，残念ながら平均の値はデータ全体の中心的な傾向を適切に代表しているとはいえません。いろいろなメディアでよく耳にする平

均賃金という言葉には，このような内容も含まれていることに注意したいものです。

　この某社の平均所得額の例のように歪んだ分布（たとえば次のページの右図のような片側にだけ長いすそを引いた状態）の場合，平均だけに注目したのではデータ全体の特徴を適切に把握することにはなりません。この例からわかるように，平均値の欠点の1つとして，平均値は大きく外れた値の影響を受けやすいということがいえます。では，どうすればよいのでしょうか。

## ● 平均値に代わるもの

　多数のまとまったデータを1つの数値で表現しようとするとき，その選ばれた値を代表値といいます。平均値はその代表値の1つでしかありません。平均値のほかの代表値として，最頻値や中央値とよばれる値があります。最頻値は字の通り，データ全体のなかでもっとも多くのデータが集まっている値を示し，中央値はデータを大きい順に並べたときその真中にくる値を示します。次のページの図のように歪んだ分布では，平均値を含めたこれら3つの代表値は一般には一致しません。新聞やテレビの報道では平均所得だけしか報道しないことが多いので，「自分の所得はみんなと比べて低いなあ」と思う人が，かなり多いのが実態です。このように統計が示すことと実感とのズレがよくいわれますが，その理由の1つはメディアが示すデータが平均値だけであることが多いためかもしれません。3つの代表値（平均値，中央値，最頻値）を同時に公表すれば，自分の所得は最頻値に近いぞ，いやいや中央値に近いぞという見方ができるのではないでしょうか。

## ● 所得は何をみるのが正しいの？

　代表値を考えるときには，平均の値だけでなく分布の形状をみること

が大切であることがわかったことと思います。分布の形が対称であれば平均の値で十分ですが,対称でなければ中央値を使うのが一般的です。一般にサラリーマンの年間平均所得額は全体の代表値とはいえません。統計的な考察ではデータ1つ1つにとらわれずにデータ全体をみることが大切です。

なお,最近話題の最低賃金の話では,全国の平均賃金の中央値の何割を目指すといった議論になっています。また国際的に貧困の指標としてよく使われる相対的貧困率は,全人口の所得の中央値の半分を下回っている人の割合をいいます。驚かれるかもしれませんが,日本は先進国のなかではその相対的貧困率は結構高いのですよ。

平均値=中央値=最頻値

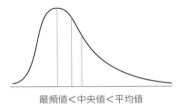
最頻値<中央値<平均値

## コラム column 04 中央値の歴史

中央値の歴史は比較的新しく,1816年ドイツの数学者で物理学者でもあるカール・フリードリヒ・ガウス(1777〜1855)が用いたのが初めといわれています。統計学に導入したのはフランシス・ゴルトン(1822〜1911)で,1874年に全体を2分割する中央値となる50パーセンタイルという考え方を導入しました。ゴルトンはイギリスの計量生物学者でもあり,生物学・遺伝学の研究に統計的手法を導入しました。

# 5選 Statistics
# 自分の子の成長は気になる！

　日本では2,500グラム未満で生まれる低出生体重児が増えています。1980年はこの割合が出生児の約5％でしたが，2014年は10％弱とほぼ倍増しています。先進国のなかでもかなり高いようです。原因の1つにあげられているのが，妊娠，出産をする世代の女性の体格指数（BMI）が18.8未満の方たちが増加しているためだそうです。実際，妊娠前にやせていると，生まれてくる子が低体重になりやすいという報告もあります。低出生体重児はさまざまなリスクがあるようです。どうやら平均より「小さく産んで大きく育てる」というのはあまり感心できないようです。

## ● 母親の喫煙が気になる

　エコチル調査とよばれる子どもの健康と環境に関する全国調査があります。エコロジーとチルドレンを組み合わせてエコチル調査ということのようです。これは，全国10万組の子どもたちとその両親が対象となる疫学調査ですが，その調査で，妊娠中にたばこを吸う母親から生まれた赤ちゃんは，吸わない母親の子に比べ出生時の体重が100グラム以上少ないこと（男児で136グラム，女児で124グラム）がわかったと環境省が2016年1月に発表しました。子どもは環境を選べないですよね。赤ちゃんのためにもたばこは控えた方がよさそうですね。

## ● うちの子は大丈夫？

　子どもが産まれると母子手帳が活用されます。この手帳には子どもの発育に関するいろいろな情報が満載です。親御さんも結構それらの情報に一喜一憂するようで，うちの子は体重がみんなより軽いからとか，予防接種の時期が遅いかもとか，いろいろな声が聞かれます。

こういった心配の声をあげられる親御さんは，平均的という言葉の意味を，標準的と解釈しないで理想的と勘違いしてしまっているのかもしれません。何にでも平均的な反応を示す平均的な人間なんて実在するはずがないのですが，やはりわが子のことは大切なのでしょう。

　すこし論理的にみてみましょう。平均の話は4選でもあつかいましたが，平均体重以下の乳児は，全員が発育不良となるのでしょうか。そうは決められません。平均は全体を平らに均したものですので，平均を上回る体重の子がいる限り，平均体重以下の子どもも同程度にいてもちっともおかしくありません。もし仮に，すべての母親が，母子手帳のグラフを見ながら平均体重以上の子どもに育てようとしたらどうなるでしょうか。幼児の平均体重はどんどんうなぎのぼりで上昇していき，まさに天井知らずとなります。

## ● うちの子は大丈夫！

　身長や体重のデータの場合，「平均から標準偏差（6選参照）の値をプラス・マイナスした範囲内に，だいたい全体の3分の2ほどのデータが入る」という経験則が成り立っています（8選参照）。したがって，幼児の身長や体重が平均より標準偏差以上に下回っていなければ，とくに心配する必要はありません。平均的な子というまぼろしにとりつかれないで，目の前にいる自分の子どもに一番合った育て方を選んであげるのが，親としてしてあげられることではないでしょうか。

# 6選 一発逆転は評価できるか？

同じクラスに，テストの点がずっと50点あたりだった子と，悪いときはトコトン悪いけれど，良いときは上位レベルの点数を取っていた子がいた経験はありませんか？

この2人の平均点が同じだったとき，さらに彼らの得点の中央値も最頻値もすべて同じであったとき，2人は同じ能力だといい切ることはできるのでしょうか？　それを判断するには，何か新しい尺度が必要になりますよね。

## 1回だけいい人と平均的にいい人を評価する

Aさん，Bさんの統計の5回のテストの成績（点）がそれぞれ次のようであったとします。

| 試験回数 | 1 | 2 | 3 | 4 | 5 |
|---|---|---|---|---|---|
| Aさん | 50 | 50 | 30 | 50 | 70 |
| Bさん | 50 | 40 | 50 | 50 | 60 |

このデータをヒストグラムで表しますと，次のようになります。

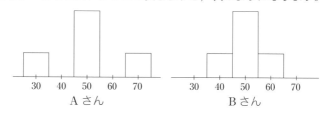

平均の値はどちらも50点です（しかも中央値も最頻値も同じ50点です）。でも，ヒストグラムでみると2人には何か違いがありますよね。そうです，得点のバラツキ具合が異なっています。

この 2 つの形状を区別するためのなんらかの道具があると便利ですね。その道具の候補として，統計ではよく耳にするものに範囲，分散，標準偏差，変動係数などがあります。

　データの平均とはすべてのデータの和をそのデータの個数で割ったものでした（データの値を均したもの）。A さんの得点の平均は次のように計算します。

$$\frac{30+50+50+50+70}{5} = 50 \text{（点）}$$

　分散とはその平均と個々のデータの差の平方の和をデータの個数で割ったものです。何だか難しい言い回しになりますが，たとえば A さんの得点の分散は，平均 50 なので，次のようにできます。

$$\frac{(30-50)^2 + (50-50)^2 + (50-50)^2 + (50-50)^2 + (70-50)^2}{5} = 160$$

一般式は付録をみてください。平均はデータの中心的な位置（4 選参照）をおおむね表し，分散は平均を中心としたデータのバラツキ具合を表しています。ここでは 160 が分散となります。

　分散の正の平方根を標準偏差といいます。A さんの得点の標準偏差は $\sqrt{160}$ ＝約 12.6 となります（ちなみに，同じように計算すると B さんの得点の標準偏差は $\sqrt{40}$ ＝約 6.3 となり，A さんの約半分の値です）。

## ● データのバラツキを測るもの

　A さん，B さんのような統計データでは，その平均の値（や中央値，最頻値）は 2 人とも 50 点のため，平均の値だけでは両者の違いがわかりません。そこでその標準偏差（A さんは約 13 点，B さんは約 6 点）を使って違いをみてみます。標準偏差は，平均の値からどのくらいズレているのかを測る大切なものです。別ないい方をすれば，標準偏差はデータ全体の広がりの程度を示す 1 つの基本的な値といえます。ここで

はAさんの方がテストの得点のバラツキがBさんより約2倍大きいことがわかります。つまり、AさんよりもBさんの方が安定して得点を取っているといえます。標準偏差はこのように使われています。あまりなじみがないかもしれませんが、標準偏差は統計の分野では大活躍しているのです。

　分散も標準偏差もどちらもバラツキを表すものですが、前述の例のように、分散より標準偏差の方がよく使われます。その理由は、標準偏差の値は元のデータと同じ測定単位であるので、その値がもつ意味の解釈に都合がよいからです。前述の例では、標準偏差の値がもつ単位は「点」ですが、分散の値の単位は点ではなく、よくわからない「点×点」になります。たとえば、人の身長のデータ（普通測定単位は cm）でいいますと、分散は $cm^2$、標準偏差は cm の単位をもつことになります。みなさんはどちらの表示がわかりやすいですか。

## ● バラツキの原因は？

　データのバラツキには、いろいろ原因があるものです。そのバラツキが格別の意味のない偶然的なものなのか、それとも探せば原因が見つかるような意味のあるものなのか、私たちは判別しなければなりません。それによって、意味のない変動に振り回されるあわて者の誤りと、意味のある変動を見逃してしまうのんき者の誤りの両方を防ぐことが可能となります。それを判別するためにも、この標準偏差が使われています。

具体的にどのように判別しているのかは，他書に譲ります。

## コラム column 05 誇張表現？

東京都豊洲市場の土壌汚染問題で 2017 年 1 月に，環境基準値の最大 79 倍のベンゼンが検出されたと，大騒ぎになりました。なにせ 79 倍ですからね。この 79 倍という数値は，土壌汚染に係わるベンゼンの環境基準値が環境基本法で 0.01 mg/L と定められているのに対して，このときの調査では 0.79 mg/L 検出されたということです。みなさんはびっくりしませんでしたか。

このようなときには 79 倍という衝撃を伴う数字を発表するよりは，基準値の 0.01 mg/L と検出値の 0.79 mg/L の両方を示し，実際に 0.79 mg/L という検出値が健康などにどのような影響を及ぼすかを冷静に発表・報道すべきであったと思います。いまの時代，安全・安心の情報には十分に気をつけたいですね。

統計データで比較するときに何でも倍数で表現する人がいますが，基準になる値が 1 より小さいときは，十分な注意が必要です。このような表現は何かを誇張したいときに日常よくみられることです。本当の意味を誤解しないようにしたいものです。

どうも今回の数値の問題は，検体の採水手順の違いもデータの質に影響を与えているように感じています。

# 違うものどうしを比べるには？

5選で，自分の子どもの体重が母子手帳のなかに示されているある範囲の外に位置するため，心配する母親がおられると書きました。しかし，必ずしも心配する必要はありません。この範囲は，よく考えてみると，大きな集団としてみたときのもので，自分の子どもに対する範囲ではありません。このようなバラツキの範囲についての解釈はよく考えて判断してほしいものです。

また，6選でバラツキの具合として標準偏差の説明をしましたが，標準偏差がわかったからといって平均の値を考えなくてよいかというと，必ずしもそういうわけではありません。次の例でみてみましょう。

## ● 8 歳女子と成人女性の比較

日本の成人女性の体重と 8 歳の女子の体重を比較すると，次の通りであったとします。

|   | 平均 | 標準偏差 |
|---|---|---|
| 成人女性 | 51.4 kg | 5.2 kg |
| 8 歳女子 | 26.6 kg | 4.9 kg |

平均体重は成人女性の方が上回っていますが，同じように標準偏差も大きくなっていることがわかります。成人女性には非常にやせた人や非常にふとった人もいて，体重の個人差が 8 歳女子より大きいと考えてしまうかもしれません。はたして本当でしょうか。たとえば，体重 100 kg の人がダイエットで 1 kg 減らしたのと，50 kg の人が 1 kg 減らしたのとでは，減らした 1 kg は同じでも，前者は 1% 減らしたのに対し，後者は 2% 減らしたことになり，その 1 kg のもつ意味が一般には異なりますよね。このように，データの平均の値が著しく異なるような場合

に，標準偏差の値でデータのバラツキ具合を比較するのには注意が必要となります。そこで，変動係数とよばれる標準偏差を平均値で割った値を用います（変動係数の式は付録参照）。変動係数は単位をもたない数になっていますので，この例のように直接比較しにくい場合にバラツキ具合を比較するのに便利です。

成人女性では平均体重が2倍弱も重いということに注意して，変動係数を計算してみると次のようになります。

　　　成人女性の変動係数は　　$5.2 \div 51.4 = 0.1012 =$ 約 10%
　　　8歳女子の変動係数は　　$4.9 \div 26.6 = 0.1842 =$ 約 18%

意外なことに，8歳女子の変動係数の方が成人女性よりもはるかに大きいという結果となります。このことから，8歳女子の方が成人女性よりも体重にバラツキがあるということがいえることになります。

## 身長と体重ではどちらが個人差が出やすいのか

成人女性と8歳女子との違いはわかりました。では，成人女性のなかでの身長と体重ではどちらによりバラツキがあるのでしょうか。

|  | 平均 | 標準偏差 |
|---|---|---|
| 身長 | 151.8 cm | 2.1 cm |
| 体重 | 51.4 kg | 2.4 kg |

比較する2つの集団の性質が違いますので，直接比較はできませんが，同じ考え方が使えます。たとえば，100名の成人女性の身長と体重を測ったら，右上の表のようであったとします。

測定単位が異なるので数値がもっている意味は同じではありませ

(身長の 2 cm と体重の 2 kg は違う意味ですよね)。標準偏差の数値をみますと，身長と体重はほとんど差がないようにみえるかもしれません。しかし変動係数を考えてみると次のようになります。

　　　身長の変動係数は　$2.1 \div 151.8 = 0.0138$（約 1％）

　　　体重の変動係数は　$2.4 \div 51.4 = 0.0467$（約 5％）

体重の方が身長よりもバラツキが大きいことがわかりますね。すなわち身長の差よりも体重の差の方が，個人差が大きいといえます。

似た背格好の人でも体重が違うということは，あってもおかしくなさそうですね。

## ● 貧富の差

この考え方は，身長や体重のようなものでなくても，社会のさまざまな場面で用いることができます。たとえば，ある年の 1 人あたりの年間県民所得の平均は 26.5 万円，標準偏差は 7.4 万円でしたが，その 10 年後には平均 116.5 万円，標準偏差 22.8 万円になっていたとします。所得格差を表す標準偏差も大きくなっています。貧富の差は大きくなっているといえるのでしょうか（年収 26.5 万円なんてありえないと思われるかもしれませんが，1960 年代ではこのくらいが普通でした）。

これも平均の差があまりにも大きいので，両者の変動係数を計算すると，次のようになります。

　　　ある年の変動係数は　$7.4 \div 26.5 = 0.2792$（約 28％）

　　　10 年後の変動係数は　$22.8 \div 116.5 = 0.1957$（約 20％）

所得格差はむしろ小さくなっていると考えることができそうですね。元データで標準偏差だけをみたときの格差 3 倍から考えると，逆の結果となります。物価なども違うので，一概にはいえませんが，10 年後の方がみんなが平均的に暮らしやすくなっているようですね。

以上で，バラツキの尺度である標準偏差と変動係数の意味の違いや用途をわかっていただけたでしょうか。どうですか？　データのバラツキ

についてもっと知りたくなりませんか?

## コラム column 06 速度の平均

調和平均というものの紹介です。従来の平均とは違いますよ。

距離 10 km の区間において,行きは時速 24 km,帰りは時速 16 km で往復したとします。この平均時速の値はいくらでしょうか。

24 と 16 を足して 2 で割った 20 km/h ではありません。ここが普通の平均と違うところです。よく考えてみましょう。

速さは距離÷時間で求められます。よって,求める平均時速は総距離 $2 \times 10$ を行きにかかった時間 $\frac{10}{24}$ と帰りにかかった時間 $\frac{10}{16}$ の和で割った 19.2 km/h となります(20 km/h とはすこし異なりますね)。これは調和平均とよばれるものです。

この調和平均は,平均速度などを求める際に必要です。たとえば,距離 $a$ km の区間における問題として求めてみましょう。速さ=道の距離÷時間ですので,距離 $a$ km の区間において,求める平均時速は総距離 $2a$ に対して式 $\dfrac{2a}{\left(\dfrac{a}{24}+\dfrac{a}{16}\right)} = 19.2$ で求められます。

ここからわかるように距離 $a$ に無関係になりますね。

調和平均は,速度のほかに,電気抵抗値にも使われます。電流=電圧÷抵抗という関係は,速度の式に似てますよね。

調和平均は,データの値の逆数の平均の逆数で与えられるため,逆数の形になっている量の代表値として用いられます。

また,一般には調和平均の値は従来の平均の値よりは小さいことが知られています。

# 8選 Statistics
# 山師が穴を掘れば金鉱脈にあたるのか？

　昔からある言葉に，千三つ（せんみつ）というものがあります。これは，千に三つの確率で山師が穴を掘れば金鉱脈にあたることをいいます。転じて，ほらふき，ウソつきのことをいうこともあります。すなわち，千に三つの確率でしか本当のことをいわないという意味です。医薬開発でも新薬が生まれる確率は 0.003（0.3%），すなわち「千三つ」だそうですが，最近は「万が一」といわれています。新しい化学物質の発見から動物実験，臨床試験を経て製造承認を得るまでに 1 品目あたり最低 10 年，1,000 億円規模の開発費が必要とされてきています。しかも，売れる薬が生まれる確率が非常に小さいのです。どこか山師の探す金鉱脈に通じるところがありますね。

## ● クローバーは多く見つかるか

　下の図は，ある広場でクローバー探しをしていた子どもたちが 1 日に見つけた四つ葉のクローバーの本数とその人数を示した分布（ヒストグラム）です。

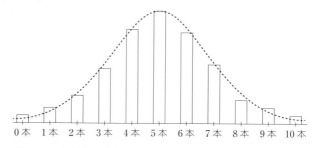

　この図は，左右対称の均整のとれた釣り鐘型を想像させますね。身近では身長，体重や胸囲のデータの分布などは，同じような形をしていま

す。このほかにもこの形は、自然界や人間社会のなかでも数多くみられます。この形は正規分布とよばれ、統計学においてもっとも代表的で重要な分布です。正規分布の特徴は、釣り鐘型の単峰で左右対称になっていることで、そのグラフは次のようにかけます（このグラフの式は付録参照）。

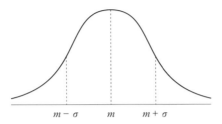

$m-\sigma$　　$m$　　$m+\sigma$

　ここで、$m$ は平均、$\sigma$（シグマ）は標準偏差を示しています。正規分布の特徴として、平均から±標準偏差の 1 倍の範囲には全体の 68.3% の値が含まれ、平均から±標準偏差の 2 倍の範囲には全体の 95.4% の値が含まれ、平均から±標準偏差の 3 倍の範囲には全体の 99.7% の値が含まれます。

　逆の見方をすると、平均から±標準偏差の 3 倍の範囲外には全体の 0.3%、つまり 1,000 分の 3 の割合しか値が含まれていないということになります。このことから、クローバーが 1 日に 1 本も見つからないことや、10 本も見つかることは千三つ、つまり、ほとんどないことなのだということがわかりますね。あの広場で 1 日 10 本も見つけたんだ！という子がいたら、もしかしたら山師かもしれません。

　品質管理などのバラツキが気になる分野では、そのバラツキの状況が正規分布であれば、平均から標準偏差の 3 倍以上離れた値は滅多に現れないと考え、異常なことが起きたと判断します。この値を 3 シグマ管理限界といい、ものを製造する際の品質管理では、異常なものを発見する際などにも利用され、大切な役割を果たしています。

## 正規分布を初めて見つけた男ガウス？

　正規分布をガウス分布ということもあります。このガウス分布は，ドイツの物理学者で天文学者でも数学者でもあったカール・フリードリヒ・ガウス（1777〜1855）が測定誤差の分布を考察するなかで見いだしたとされていますが，実は，この分布はもっと前にフランスの数学者アブラーム・ド・モアブル（1667〜1754）によって発見されています。それを後に正規分布とよんだのはイギリスの人類学者で統計学者でも探検家でもあったフランシス・ゴルトン（1822〜1911）らであるといわれています。ここでいう「正規」は，ありふれたとか普通のぐらいの意味であったようです。

　欧州統一通貨ユーロ登場前のドイツの10マルク紙幣のデザインに，ガウスの肖像とともにこの正規分布を示す曲線とその式が描かれていました。それだけ重要な分布だと，ドイツ人はみんな知っているんですね。

私たちが普段使うデータの値には cm，g などなんらかの単位がついています。統計では本来そのようなものをあつかっています。

しかし，7選で述べた変動係数のような絶対的な量も，ものごとの比較に大切なものとして，統計学であつかうことがあります。エンゲル係数もそうですが，現在は何でも数値化して比較・評価する時代です。ほかにも，不快指数・消費者物価指数・体格指数（BMI）など，よく目にされるのではないでしょうか。

> コラム —— column 07
> **便利な標準量**

統計学では，理論的にも実際にも大切な量として，平均が0で標準偏差が1の量があります。この量は，単位が違っていたり，平均や標準偏差が異なるデータ間での比較を行うときに便利です。比べたいデータをそのような量に変換することを標準化とよび，比較・評価の基礎になる考え方として知られています。標準化は次の式で計算します。

$$\frac{データの値 - 平均}{標準偏差}$$

この式で導かれる値を標準量といいます。この式は，いまあつかっているデータから（そのデータを含んでいる全体の）平均を引いてそれを標準偏差で割ることを意味しています。

この式によって標準化されたものの特徴は，元のデータとは単位が無関係で絶対的なものになっているということです。何しろ単位をもっていませんので，値の大小だけで評価でき，利用するのに便利なものです。

次の9選の偏差値やコラム08の知能指数も，この標準量を用いて求められています。

# 9選 Statistics
# 偏差値は神様？

　大学進学率は1955年度で7.9％だったのが，2009年度には初めて50％を超え，2016年度にはついに52％になりました。18歳人口の減少とも相まって数字的には大学全入時代といわれて久しいのですが，受験といえば，気になるのが偏差値ですね。その生徒の一生の運命まで決めかねないほどの数値です。進路指導教師や受験生は，偏差値で受験校を決めてしまうこともあるようです。

## ● 偏差値の変遷

　この偏差値という数値，ずっと昔は学校現場でひそかに利用されていました。全国的に広まったのは，模擬試験などを行うテスト業者が受験業界にもちこんだ1965年末からといわれています。これにより，偏差値が志望校を選択する際の評価基準として絶対視される風潮を生み，その数値が一人歩きをするようになると，社会問題にまで発展しました。1993年ごろ，学校から業者テストが排除され，それによって偏差値のあつかいが一時下火になった時期もありましたが，この後現在までの四半世紀にわたって，中学校・高等学校・大学の入学試験に関係し，ある意味で有効にそして便利に利用されています。

## ● 偏差値の利用は正しいのか？

　いまやほとんどの中学生が高校に進学する時代です。学校としては1人でも落とすわけにはいきません。中学校の先生は各生徒の偏差値をにらんで，生徒が行きたい学校ではなく，合格可能な高校に振り当てることもあります。高校でも大学への進路指導の参考として，偏差値をみて各大学学科を紹介するなど，かなり有用に使われている実態があります。

しかし，偏差値だけで学校を決めることが本当によいのかは疑問が残ります。なぜなら，偏差値で測れる能力とは，その人たちの学力ではなく，あくまでも希望校をパスできる技術にすぎないためです。大学へ背伸びして入学できても，その大学での学びが大変になるだけではないでしょうか。また，無事大学に入学できても，そこで何を学ぶかによっても将来は変わってきます。偏差値という物差しだけで，生徒個々の格づけが，そして結果的には高校や大学間格差までが，公の場で堂々と語られすぎなのではないでしょうか。

残念なことに，偏差値の意味をその生徒の学力と位置づけている人は多いようで，事実，2016年1月中旬に行われた大学入試センター試験での総合得点の分布を，正規分布などで当てはめて，受験生の順位や合格率等の算出が各予備校において従来通り実施されました。まだまだ偏差値に踊らされる状況は続きそうですね。

## これからの偏差値

大学入試センター試験を含む大学入学試験制度が2020年度ごろから変わるということで審議会において盛んに議論され，ときどき文部科学省からさまざまな情報が公表されています。ちょうどそのころから18歳人口が（いままでの一時的な横ばいから）また減りはじめるようです。偏差値至上主義はやめる時期だと思いますし，偏差値のあつかわれ方も変わっていくと想像しています。ともあれ，偏差値に限らず，データか

ら算出される数値は，試みに読むからこそその有効性が発揮されるのであって，決して絶対視してはならないものなのです。

## ● ところで偏差値って何なの？

偏差値とはそもそも何なのでしょうか。

入学試験本番までには，いろいろなテストが何度となくくり返されます。各テストは，問題の難易度が同じとは限りませんから，生の点だけでその変化を単純には比較できません。そこで，比較を妥当にするために，テストを受けた生徒全員の成績にある種の順位をつければ比べやすくなります。この順位をみて，各生徒の成績がその集団のなかで相対的にどの位置づけになるのかを把握できるようになるためです。この算出された順位のもととなる数値が偏差値です。算出する方法は次の式がいまでは用いられています。偏差値は単位のない数値（「点」ではない）で，その集団の平均と標準偏差の値を利用して，標準量を10倍して50を加えるという式で計算されています。

$$偏差値 = 50 + \frac{本人の得点 - 集団の平均}{集団の標準偏差} \times 10$$

偏差値は状況が異なる試験でも同一の土俵で評価できる方法です。

偏差値は，テストの点を平均50，標準偏差10となるように変換したものですので，全体の中間くらいの成績には50という偏差値がつきます。全体の得点分布がほぼ正規分布（単峰型で左右対称な分布）の場合には，理屈上（8選参照），偏差値はほとんどが20〜80の間の数値をとります。そのため，クラスで1・2位を争う生徒は偏差値が70あたりに，反対に最下位すれすれの生徒は偏差値30そこそこになります。

## ● 偏差値とはどういうものか

具体的にみてみましょう。Aさんがある模試を2回受けたとします。

1回目は65点，2回目は55点に下がったとします。はたしてAさんは学力が落ちてしまったといってよいのでしょうか。

Aさんが受けた1回目，2回目のそれぞれの平均点，標準偏差をもとに偏差値を算出してみると，次のようになります。

|  | Aの成績 | 平均点 | 標準偏差 | 偏差値 |
|---|---|---|---|---|
| 1回目 | 65 | 55 | 10 | 60 |
| 2回目 | 55 | 47 | 4 | 70 |

一緒に模試を受けた集団のなかでは，偏差値は60から70へと上昇していることがわかります。2回目の試験では全体の平均点も標準偏差も小さくなっていたために，Aさんの偏差値はむしろ上がっていたようです。このように，単純に取った点数の上がり下がりだけでは学力が測れないため，優劣をつけることが難しくなります。そこで考えられたのが偏差値という考え方です。

## ● 偏差値にひそむワナ

極端な例を1つ述べましょう。それは得点の分布が正規分布と極端にかけ離れている場合です。ある学校の40人のクラスで試験を行ったところ，90点と30点が各1人で残りの38人が0点であったとします。この場合，平均点は3点，標準偏差は$\sqrt{216}$（約15）点となります。このとき，90点，30点，0点の人の偏差値はそれぞれ108，68，48となり，100を超える人がいたり，0点の人が偏差値48であったりといった奇妙なことが起こります。さて，この数値は本当に個人個人の能力を示す指標になりえるのでしょうか？

この例のようなことはあまりないかもしれませんが，テストの得点の分布が正規分布とみなせない場合もありますので，偏差値のみをみて，そんなに一喜一憂する必要はないと思うのですが，いかがでしょうか。

# 10選 Statistics
## 国はすべてしっている？

人口調査や交番によくある1日の交通事故件数など，私たちのまわりには全部調べていると思われるものがいくつもあります。この全部調べるということを，専門用語でセンサスといいます。

### ● センサスの語源

センサス（census）の語源は，ラテン語の税金（cenere）です。なぜ税金が語源なのでしょうか。古代ローマは紀元前5世紀ごろから定期的な人口（登録）調査を行っていました。これを実施する役人はセンソールという役職であったということから，この調査をセンサスとよんでいたということのようです。このセンソールという役職は実は税金を集めることが本職だったようですから，センソールがやってきたときには居留守を使った人もいたかもしれませんね。

イエス・キリストが生まれたころには，皇帝アウグストが全世界の住民登録をせよとの勅令を出し，ローマ帝国の属州まで調査範囲が広げられました。イエス・キリストの父ヨセフはこのために自分の町ベツレヘムに帰らなければならず，その途中で妻マリアは馬小屋の飼い葉桶のなかでイエスを産んだ，といわれています。外国では一般にはその由来通りに人口調査とよんでいたものが，日本では単に国勢調査とかセンサスとよぶようになりました。

## なぜ全部しらべるのか

　国勢調査のように，調べたい集団に属するすべての対象について調査することを全数調査といいます（悉皆(しっかい)調査ともいいます）。ある目的に沿って全数調査ができれば，必要な情報がすべてそこにあるわけです。後はそのデータが示す状況をどのように把握して，何に利用するのかに注力すれば求める結果が導けることになります。このように，全数調査は大変ですが，それに見合うメリットとして，誤差なく的確な分析・判断が可能になります。このほかに，ある一部分を調べることで，全体の傾向を推し測る調査（標本調査として 11 選であつかいます）もありますが，その場合には対象を無作為に選ぶことが重要です。無作為は人間が行う以上難しいことなのですが，全数調査ではその手続きは必要ありませんので，そういった意味でも間違いが起こりにくいといえます。そのため，全数調査は定期的に行われるのです。

　2015 年は，総務省が 5 年ごとに行っている国勢調査の年でした。国勢調査とは，10 月 1 日午前 0 時における人口数などの全貌を把握するための基本的な全数調査です。1947 年制定の統計法で定められているため，国民はこの調査に協力する義務がありますが，なかなかそのようにいかないのが現実のようです。2015 年実施からスマホや PC インターネットからも調査回答ができるようになりました。筆者は後者の方法で回答しました。

　日本ではいろいろなセンサスが実施されています。住宅統計調査や農林業センサスなどもその 1 つです。いずれもだいたい 5 年ごとに行われています。

## 国は全数調査の宝庫

　全数調査の例は，政府関係などの調査からいくらでも眺めることができます。たとえば，次のようなものがあります。

- 交通事故死者数データ（2016年1年間の交通事故死者数3,904人）：確率の問題として36選でもふれます。これらの戦後データの変遷のグラフは次のように発表されています。

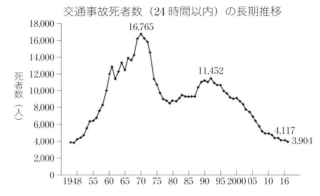

(注) 1971年までは，沖縄県を含まない。
2016年の発生件数および負傷者数は，交通事故日報集計システムにより集計された概数である。

(資料) 警察庁「平成28年中の交通事故死者数について」

- 自殺者数のデータ（2015年1年間の自殺者数23,971人）
- 医療費データ（2015年度の概算医療費は41.5兆円）：医療費は高齢化や医療技術の高度化を背景に年々増加しています。日本の将来の医療行政にとって気になるデータですね。

そのほかに，学校の安全・安心に関する全数調査もあります。

文部科学省の調査結果は興味深いものが多いです。最近では，2015年度末までの都道府県別の全国公立小中学校の校舎や体育館の耐震化率の調査結果や，2014年度の小・中・高でのいじめについての調査結果（2015年10月27日公表）などがあります。後者ではなんと18万8,057件で前年度より増加してしまったようです。また，2016年度末での全国の公立小中学校の教室（普通教室と特別教室）での冷房の設置割合は

41.7％となっています。毎年の猛暑に対応して設置率は右肩上がりですが，その地域差が大きく，暑さのなかでの学びの効率を考えて夏休みの長さにも影響をおよぼしています。

## ● 犯罪被害数も全数調査

　全部調べているもののなかには社会犯罪件数もあります。そのうちの1つである「特殊詐欺被害　最悪559億円」という2014年度警察庁のまとめをみてみましょう。これは，振り込め詐欺など「特殊詐欺」の2014年1年間の被害額が約559億4千万円で，過去最悪だった2013年を14.3％，約69億9千万円上回ったというデータでした。初めて年間で500億円を超えたことは，当時衝撃をもって伝えられました。宅配便やレターパックで現金を送らせるといった送付型の被害が急増していたようです。興味のある方はWebでみられますので，確認されると面白いかもしれません。このまとめを眺めると，たとえば，次のようなことがみえてきます。

- 2009年に被害額が約95億8千万円まで減ったのが，2010年から再び増えはじめている。
- 被害件数は10年前の2004年のほぼ半数だが，1件あたりの被害額は大幅に増加している。
- 特殊詐欺被害者は4人のうち3人（78.8％）が65歳以上で，独り暮らしのお年寄りも多い。
- 形態別では，親族になりすます「オレオレ詐欺」，医療費や税金の還付を装う「還付金詐欺」，未公開株や社債の購入を勧める「金融商品詐欺」の3類型が全体の69.8％を占めている。

　一般にはデータを眺めれば眺めるほどいろいろと分析できるものです。これも全部調べてデータ化しておいたおかげですね。

# 11 選 Statistics

# 一を聞いて十を知る？

蛍光灯などに表示されている寿命について，見たことがある人は多いと思います。手元にある電球形蛍光灯には点滅寿命2万回となっていました。では，この寿命はどのようにして決められているのでしょうか。

## ● 全部をしらべられないときは？

1つ1つの蛍光灯が切れるまでの寿命検査を実施していたら，売る製品がなくなりますね。この場合，全数調査はできませんので一部の製品しか調べられません。このように全体のうちのある一部分を調査する方法は，標本調査といわれています。

日本国民のある事がらについて知りたいことを調査するのに，たとえば，国民全員に調査員が個別に面接をしていたら，時間がかかる，調査費用が膨大になる，集計の手間が大変である，というような問題があります。事がらによっては調査・分析の結果が出たとき，もう事が終了していて，得た情報は役立たない，ということになりかねません。国ベースであつかうデータは総数が膨大ですので，標本調査がよく実施されます。

社会において実施されている標本調査は，次の3種類に大別されます。

(1) 全部調べると都合が悪い場合：
   破壊調査といわれている。大量生産している蛍光灯，電球，缶詰，ボールペンなど，全部調べると売る製品がなくなるものについて行う。一部の抜き取り検査のこと。

(2) 時間，費用，手間をはぶく場合：
   よくテレビや新聞でみかける世論調査のほか，テレビ番組の視聴率，選挙結果予想，お米の出来具合予想など。

(3) すべてを調べることが不可能な場合：

大草原，大砂漠のなかのある動物の数や，湖や川や海のなかのある魚類の数などの調査，あるいは，川，海の水や空気の汚染度調査。

## ● ちょっとしらべるだけで全体のことをいっていいの？

　全部を調べられないときに一部だけを調べることで対応しようという考え方はわかりました。でも，一部の対象しか調べないのに，それで全体の傾向がわかるものなのでしょうか。これについては「はい」とも「いいえ」ともいいにくい難しい問題といえます。しかし，これらの調査の信頼性を高めていくことはできます。

　蛍光灯みたいな大量生産をしている工場では，抜き取り検査用の蛍光灯のデータが従来の製品の平均値から標準偏差の3倍以上離れた値になれば，その対象製品を製造しているロットの製品は出荷しないで製造工程をチェックするという方針があります（8選の3シグマ管理限界を用いている）。これらをくり返すことで安定した製造工程が構築できます。

　また，単純ですが次のようなズレを確認することで，分析結果の信頼性を高めていくこともできます。

(1) 5年に1度の国勢調査（全数調査）を行うとき，ただちに標本調査したものと，後日全数を調べたものとのズレ

(2) 選挙での事前調査と実際の選挙結果とのズレ

　このように，一部を調べた後で，全体とのズレを調べれば，その信頼性を確かめることができ，次に調査を行うときに活かせます。

　統計学では他にも信頼性を高めるための方法に，検定とよばれるものがありますが，これは割愛します。

# 12選 Statistics
# 学校は日本の縮図なの？

みなさんが小学校や中学・高校のとき，クラスで流行していたものは何でしたか？ この本の編修者にきいたら，いまや世界でも名前が通っているポケット○○○○ーだったといっていました。彼の歳はさておいて，クラスで流行していたものは少なくとも日本でその当時流行していたものであったことがわかりますね。

## ● 学校であったことは日本全体でもあるっていえる？

彼のクラスは，もちろん日本全体のことを示していません。ですが，日本のだいたいの特徴はわかります。このようなことをさまざまな分野で行うということが，11選であつかった標本調査の根幹です。さて，この例ではたしかにある特徴をとらえていますが，一方で，地域性でしょうか，彼のクラスには巨人軍のファンはかなり少数だったため，人気のない球団なのだと信じていたそうですが，実際はそうではなかったそうです。これは，全体の特徴がうまくとらえられなかった1例ですね。

## ● 身近にある標本調査

実際の標本調査の例としては，次のようなものがあります。
(1) 稲作収穫予想（コラム02）
(2) テレビの視聴率調査（16選）
(3) 内閣支持率調査（17, 18選）
(4) 選挙での当確予想（19, 20選）
(5) 企業が製品に対する消費者の反応を調べる市場調査

このように，実際一般に行われている標本調査では，その調査に要する費用や時間などを大幅に節約することができるものがほとんどです。(1)

〜(5)も，すべて調べるのは大変ですよね。では，どのような対象を抜き出して標本調査をしたらよいのでしょうか。標本調査では調査のためのデータ（サンプル，標本ともいいます）を，「全体」からどのように抜き出せば（抽出，サンプリングともいいます），全体の特徴をよく表しているデータを選べるかが大切な問題となります。

## ● サンプルを上手に選ぶには？

結論の対象たる全体のことを母集団とよんでいます。すこし難しいいい方をすると，「母集団の適正な縮図となる標本」の抽出が標本調査の一番の課題です。前述の巨人軍ファンの例ではないですが，抽出に失敗すると，事実と異なる結論になってしまいます。では，実際にはどのように抽出しているのでしょうか。

一般に適切なサンプルを得るには，すべての対象の数だけくじを用意し，そのうち調査用の数に相当する当たりをつくっておき，当たりを引いた人だけを実際の調査対象のサンプルとみなすようにしています。実際には，このようなくじをつくるのではなく乱数を用いたり，サンプルの数が多い場合にはコンピュータを用いて（疑似）乱数を発生させて用いているようです。

この発想はすでに原始人も利用していたようです。食べるために焼き芋をつくっていて，もう食べられるかなと考えたとき，棒で2, 3か所刺してその焼け具合を調べたといわれています。みなさんも調理のときに似たようなことをしていませんか。これこそ標本調査の考えですね。

## ● 知りたいものは何ですか？

なんらかの法則（知見・規則性）を見いだすためには，まず，この母集団を明確に決めることが必須です。たとえば,母集団が「大学1年生」や「大学1年生の身長」というときは，その範囲はたいへん広く，次の

ものなどが考えられることになるでしょう。

(1) 日本中の大学 1 年生全員
(2) 男女をとわず大学 1 年生全員
(3) 過去，現在，未来全体にわたる大学 1 年生全員
(4) 年齢が何歳でも大学 1 年に在籍している全員
(5) 国籍が，バングラデシュでも，韓国や中国でも，アメリカでも，日本に在学した大学 1 年生全員

『大学 1 年生』ってどの 1 年生？

40 年前に大学一年生でした

日本に留学中です

60 歳で大学入学いま一年生です

いずれも大学 1 年生であることに違いはありませんよね。しかし，このようにバラバラでは，たとえば「大学 1 年生の好きな音楽」を調査したいと思ったとき，(1)の場合には邦楽に人気が集まりそうですが，(3)の場合にはその年代によって，歌謡曲に人気が集まるかもしれませんし，J-POP に集まるかもしれません。(5)にいたっては，洋楽になる可能性が高いでしょう。このように，同じ質問でも調べる対象によって結果が変わってしまうことになります。そのため，調査する前に自分の課題をしっかりととらえて母集団を明確に決める必要があります。これが統計的な思考を適切に行う際の大切なスタートになります。

知能指数は知能テストの成績を表示する量の 1 つで，精神年齢と実際の年齢の比を用いて算出されていました。しかし，これにはいろいろと誤解を招く場合があることが指摘され，もっと客観的な

数値の工夫が求められました。つまり、より相対的評価の要素を導入する必要があったのです。

この考えのもと、データを変換する際の係数が偏差値とはすこし異なりますが、同じような算出方法で偏差知能指数（IQ）が考えられました。偏差知能指数と偏差値との違いは、標準量を 15（国により 16 とも 20 ともいわれる場合もあります）倍して 100 を加えるという点です。これは、それぞれの年齢集団における知能テストの成績の分布が平均 100、標準偏差 15 の正規分布に従うと考えることを妥当性の前提にしています。8 選ですこしふれましたが、この場合、IQ は 55 から 145 の間の値をとることがほとんどとなります。いまはあまり測定されていないようですが、筆者が小学生であったころはよくこの測定を学校で受けたものです。そのころは、当然ですが上述の理由などをまったく知りませんでした。

> コラム — column 08
> 知能指数は本当？

偏差知能指数が導入されることによって、どんな年齢に対しても、ある範囲の年齢集団での相対的位置を示すことが可能となりました。いまでは偏差知能指数を単に（改めて）知能指数とよびます。

知能指数が個人の一生を通して不変なものであるという考えや、遺伝的、先天的に決まるという考えを信じる人もまだ多いようです。しかし、人間としての発達状況を考えるとそのような考えは適切でないことは明らかで、「十で神童十五で才子二十を過ぎればただの人」という言葉があるように、実際、学習環境や生活環境の変化によっても知能指数は変化するものです。利用・活用の仕方には気をつけたいものです。

# 13選 Statistics
# 温泉浴や運動はかぜの特効薬？

　さて，突然ですが，かぜをひかないためにはどうすればよいのでしょうか。よく，温泉浴をする，あるいは運動をするとよいということがいわれていますが，はたして本当にそれらとかぜ予防との間に因果関係があるのでしょうか。

### ● 温泉に入るとかぜをひかない？

　長野にある白骨温泉は，3日入ると3年かぜをひかないといわれています。また，子どもは風の子という言葉があるように，外で元気に遊んでいる子はかぜをひきにくいということはありそうです。ですが，本当にそうでしょうか。実際のデータがあれば，統計的にその関係性について判断できます。つまり，これらのことを裏づけることも，反対に否定することもできるわけです。

　古いデータですが，1995年に，当時の大分医科大学（現大分大学医学部）のグループが大分県内の2つの小学校で5，6年生を対象にアンケート調査を行いました。その結果，いつも温泉に入っているとかぜをひきにくい，と結論づけました。調査の内容は，家庭や町営温泉で温泉浴が手軽にできる湯布院町と，そうでない庄内町の計252人に対して，次の

2項目についてきいたものでした。

(1) いつも温泉に入っているか
(2) 冬季3か月間にかぜで学校を休んだか

この結果、かぜで休んだことがあるのは次のようになりました。

　　習慣的に温泉浴をする146人では、35.6%の52人

　　習慣的に温泉浴をしない106人のなかでは、56.6%の60人

習慣的に温泉浴をしないグループの方が割合も人数も多く、差が出ました。インフルエンザの予防接種を受けたかどうかは、かぜで学校を休む頻度には影響しなかったようです。これを表データにしますと、次のようになります。はたして大分医科大学の結論は適切だったのでしょうか。

|  | 習慣的温泉浴をする | 習慣的温泉浴をしない | 計 |
|---|---|---|---|
| かぜで休んだ | 52 | 60 | 112 |
| かぜで休まない | 94 | 46 | 140 |
| 計 | 146 | 106 | 252 |

## ● かぜとの関係の裏づけ

このデータを用いて、かぜひきと温泉浴の2つの要因になんらかの関係があるのかを独立性の検定(難しいいい方でカイ2乗検定といいます)とよばれる方法で統計的に判断してみましょう。

まず、かぜをひくことと温泉浴をすることとは関係がない(独立している)と仮定して考えてみます。この種の判断基準となるカイ2乗統計量とよばれるものの値を計算してみると10.96となります(この統計量の一般式も含めて付録を参照)。この値は0.1%以下の確率で起こる事象であることがわかります(なぜ0.1%以下の確率で起こるのかは他書に譲ります)。これは小さい確率と考えられますので、滅多に起こらないことが起きたのだといえます。つまり、かぜひきと温泉浴とには関係がないという仮定は適切ではないと判断し、この仮定を否定します。すな

わち，両者には関係がないのではなく，「関係がある」と統計的には判断します。予想通りですね。

## ● 運動するとかぜをひかない？

ある地域で 300 人を無作為に選んで，同じように，今度は運動について調べたら，次のようになりました。

|  | かぜにかかった人 | かぜにかからなかった人 | 計 |
|---|---|---|---|
| 毎日運動している人 | 16 | 36 | 52 |
| 毎日運動していない人 | 122 | 126 | 248 |
| 計 | 138 | 162 | 300 |

運動をすることとかぜをひいてしまうことについて，この 2 つの要因の関係性を分析するために，同様に独立性の検定を行ってみましょう。その結果，判断基準のカイ 2 乗統計量の値が 5.87（付録を参照）になります。この値は 2% 以下の確率で起こる事象であることが知られています（なぜ 2% 以下の確率で起こるのかは他書に譲ります）。これも小さい確率ですので，さきほどの例と同じように，かぜひきと運動とには関係がないという仮定は適切ではないと判断することになります。すなわち，「両者には関係がある」とこのデータからは統計的に結論できます。

この 2 つの結果から，どうやら大分医科大学さんの判断は統計的には正しかったということがわかりましたね。

筆者もテニスをするようになってからはかぜをひかなくなりました。独立性の検定によって示された答えは妥当であったという証拠の 1 つになるのではないでしょうか。

このように，われわれにとって，証拠にもとづいた議論をするうえで統計的思考にもとづく考え方は欠かせないですね。

自分が航空機に乗るとき,ほかの搭乗者のなかに力士の逸ノ城や佐田の富士のような超重量級の人がいるとどうしても気になりますよね。体重の違いは航空機の運行に影響があるのでしょうか。

実際,力士数人が搭乗したあるジャンボ機の乗客の総重量を計算してみましょう。乗客の平均体重が56 kg,標準偏差が5.5 kgの分布に従っているとし,人数は400人であるとします。このとき総重量の範囲を平均値と標準偏差で示しますと,平均値は400×56＝22,400 (kg),標準偏差は20×5.5＝110 (kg) となります。驚くことに,これは乗員全員が56 kgであったとして計算した総体重と比べてたった2人分弱の違いでしかありません。体重データはお互い関係がありませんので,プラス,マイナスの誤差がうまく消しあって,思ったほどには大きくばらつかないのです。このことからわかることは,お相撲さんの世界で(2015年現在)体重が194 kg以上の逸ノ城,臥牙丸,魁聖,碧山,佐田の富士級の人が乗客のなかに紛れていても,航空機の安全性にはほとんど影響がないということです。

上記の計算は次の事実にもとづいています。

統計学では「確率変数 $X_1$, $X_2$, …, $X_n$ が独立で同じ確率分布(平均 $m$,標準偏差 $\sigma$)に従うとき,それらの和 $X_1 + X_2 + \cdots + X_n$ の平均は $nm$,標準偏差は $\sqrt{n}\,\sigma$ となる」が知られています。このようにデータの和の標準偏差はデータの個数 $n$ の平方根の値に比例しています。

コラム ＿column 09
体重の重い軽いが航空機事故に影響する？

# 14選 Statistics

# 予防接種はした方がいいのか？

乳幼児に対する法定や任意の予防接種で乳児死亡率も下がってきているのは確かです（26選参照）。また予防接種というものが発達して伝染病が減ったことは，人類にとってめでたいことです。それをすこし統計的に考えてみましょう。

## ● 予防接種って効くの？

予防接種の効果を調べるために20人について調査し，次の表のデータを得たとします。

|  | 接種を受けた人 | 接種を受けなかった人 | 計 |
|---|---|---|---|
| かぜにかかった人 | 3 | 4 | 7 |
| かぜにかからなかった人 | 8 | 5 | 13 |
| 計 | 11 | 9 | 20 |

13選と同じように，かぜひきと予防接種に関する2つの要因に対する独立性の検定を，かぜひきと接種には関係がないと仮定して，実行してみましょう。計算すると，判断基準のカイ2乗統計量の値が0.64（付録を参照）となります。これは約45%の確率で起こることが知られています（なぜ45%の確率で起こるのかについては他書に譲ります）。これは大きな確率ですので，よくあることと判断します。これではかぜひきと予防接種の間には関係がないという仮定を否定することはできないと考えます。すなわち，このデータからは「かぜをひくことと予防接種の間には関係がない」と統計的にはいえてしまいます。こんな結果になってしまうと，じゃあ何

のために予防接種を受けるの？となってしまいますね。

## 予防接種って効かないの？

でも，予防接種が効くことを私たちは知っています。試しに，もっと多くのデータを集めて，改めて考えてみましょう。子ども51人のうち，25人にかぜの予防接種をし，1か月後に下記のデータを得たとします。

|  | 予防接種をした | 予防接種をしなかった | 計 |
|---|---|---|---|
| かぜにかかった人 | 8 | 18 | 26 |
| かぜにかからなかった人 | 17 | 8 | 25 |
| 計 | 25 | 26 | 51 |

さきほどと同じように独立性の検定をしてみましょう。判断基準となるカイ2乗統計量の値を計算すると今度は7.07となり（付録を参照），この値は約0.6％の確率で起こることが知られています。これは小さい確率ですので，滅多に起こらないことが起きたのだとして，仮定していた「かぜをひくことと予防接種の間には関係がない」ということは適切ではないと判断することになります。つまり，「両者には関係がある」と統計的にいえます。この結論は，さきほどとは反対に，予防接種を受けることに意味があることを示しています。なんだかホッとしますね。

しかし，統計的にはギョッとする結果です。なぜなら，1回目と2回目で正反対の結論になってしまったためです。この原因はどこにあるのでしょうか。もちろん，計算ミスではありません。では，なぜ異なる結論になってしまったのでしょう。原因の一因として，データ数が関係していることが考えられます。

統計調査では，可能であれば多くの適正なデータを収集し分析する方がより信頼のおける知見を得ることができるという一般論があります。今回のことはその良い例といえるかもしれませんね。

# 15選 Statistics
# 遺伝は法則にしたがうのか？

ある農園で実施したえんどう豆の交配実験の結果が、次のようなものでした。

| 種　　類 | 黄色円形 | 黄色角形 | 緑色円形 | 緑色角形 | 計 |
|---|---|---|---|---|---|
| 観測値 | 447 | 152 | 131 | 38 | 768 |

遺伝の法則としてメンデルの法則とよばれるものがあります。みなさんも中学校で学んだのではないでしょうか。では、本当にえんどう豆のさやと種はメンデルの法則に従ったといえるのでしょうか。

## 遺伝にも統計が関わっている？

メンデルの法則通りだとすると、上記の個数の比率は9：3：3：1になります。上の結果は、本当にこの法則に適合しているでしょうか。

では、収穫したさやと種がこの比率になると仮定して統計的に考えてみましょう。もしメンデルの法則に則るのであれば、このとき、それぞれの種類の個数は、総数768のそれぞれ $\frac{9}{16}, \frac{3}{16}, \frac{3}{16}, \frac{1}{16}$ になるはずですよね。実際に計算するとそれぞれ次のようになります（これを理論値といいます）。

黄色円形：$768 \times \dfrac{9}{16} = 432$　　　　黄色角形：$768 \times \dfrac{3}{16} = 144$

緑色円形：$768 \times \dfrac{3}{16} = 144$　　　　緑色角形：$768 \times \dfrac{1}{16} = 48$

| 種　類 | 黄色円形 | 黄色角形 | 緑色円形 | 緑色角形 | 計 |
|---|---|---|---|---|---|
| 理論値 | 432 | 144 | 144 | 48 | 768 |

　交配実験の観測値と見比べてみると，残念ながら一致していませんね。では，理論値とピッタリ一致しなかったため，メンデルの法則はウソだ，デタラメだといってもよいのでしょうか。

　もしかしたら，発芽しなかったものもあれば，発芽後になんらかの理由で成長しなかったものもあったかもしれません。理論値はあくまでも理想的な値です。現実では，たとえば理想とする生活と実際の生活とでは差が出てしまうように，観測値にズレが生じるのは普通のことだと考えてください。ですが，そのズレが大きすぎると，それはそもそも理想とする生活に無理があったのではないの？といいたくなりますよね。では，どの程度のズレなら，理想に近いと判断してよいのでしょうか。

　統計には，それを相対的に評価する手法として，適合度検定とよばれるものがあります。これは，理想の値であるメンデルの法則の下での値とこれらの観測値の比率が適合しているかを統計的に判断する方法です。この場合も 13 選，14 選で利用した判断基準のカイ 2 乗統計量の値を用います。今回は，えんどう豆の結果とメンデルの法則で出した理論値とが適合していると仮定して考えます。計算すると，値は 4.22 となり（付録を参照），この値は約 25％の確率で起こることが知られています。これは大きな確率ですので，よくあることと判断します。すなわち，データがメンデルの法則に適合しているという仮定を否定することは無理であると判断します。この結果，このデータは「メンデルの法則に適合していないとはいえない」と統計的に結論づけられます。

## 統計によるサポートはそっと寄り添うだけ

なぜデータはメンデルの法則に「適合している」と積極的にいうのではなく,「適合していないとはいえない」といういい方なのか不思議に思う人もいるかもしれません。実は,検定はあくまでも現象に対して適切か適切でないかを判定する目安の1つでしかありません。そのため,基本的には,仮定に対しての消極的なサポートしかできません。

ですが,現在ではメンデルの法則は不動のものとして確立していますので,人々のなかではメンデルの法則は正しいといい切ってもよいものとして認識されているのでしょうね。

## 生まれる子の性比は同じ?

同じような例をもう1つ考えてみましょう。

世の中には,男性と女性がいますが,どちらの性別になるのか,その可能性は同じになりそうですよね? それを確かめてみましょう。

次の表は,ある病院の年間出生数のデータです。この年は,804人中,男児が430人,女児が374人であったようです。男女が生まれる割合が$\frac{1}{2}$で等しいと仮定すると,男児,女児の生まれる人数の理論値は,表1に示される人数になります。

表1

| 性別 | 男 | 女 | 計 |
|---|---|---|---|
| 観測値 | 430 | 374 | 804 |
| 確率 | 0.5 | 0.5 | 1 |
| 理論値 | 402 | 402 | 804 |

表2

| 性別 | 男 | 女 | 計 |
|---|---|---|---|
| 観測値 | 430 | 374 | 804 |
| 割合 | 1.054 | 1 | |
| 理論値 | 413 | 391 | 804 |

表1からは,実際のデータと理論的な値とのズレは28人にもなっています。一見すると,生まれる割合は同じじゃなさそうです。でも,裏づけに乏しいですね。そこで,試しに生まれる割合が等しいと仮定して,えんどう豆のときと同じようにカイ2乗統計量の値を計算してみましょ

う。すると，この値は3.90となります（付録を参照）。この値は約4%の確率で起こることが知られています。これは統計的には小さな確率ですので，今回の観測値の出方は滅多に起こらないことが起こったと判断します。すなわち，この観測データからは，統計的にはこの仮定には無理があったと判断することになり，生まれる割合は等しいという仮定を否定することになります。つまり生まれる割合は異なるということになります。

## ● この続きは25選で

では，いったい人の出生性比はどのくらいの割合なのでしょうか？

気になりますね。順番が前後してしまって申し訳ないですが，実は，25選で述べる出生性比を眺めると，その値は105.4ぐらいと読めます（女児100に対して男児105.4の割合を意味します）。では，同じデータに対してこの割合に合致しているかを考えてみましょう。

もし出生性比が105.4と仮定すると，男児，女児の生まれる人数の理論値は，表2のように，それぞれ413人と391人になります。さっきよりは小さいですが，それでもまだ観測値と理論値とのズレは17人にもなりますね。では，さきほどと同じように，この105.4の出生性比が正しいと仮定してカイ2乗統計量の値を計算してみましょう。すると1.44となります（付録を参照）。この値は約24%の確率で起こることが知られています。これは統計的には大きな確率ですので，今回の観測値の出方はよくあることと判断します。すなわち，この実データからは，男女の出生割合1.054：1が正しいという仮定を否定することはできないと統計的には判断します。この結果，このデータは「出生性比105.4に合致していないとはいえない」と統計的に結論づけられます。

統計からは消極的なサポートしかできませんが，少なくとも，出生性比は100ではなく105.4の方が近いという評価ができるというのは，統計ならではの醍醐味の1つですね。

# 16選 Statistics
## 視聴率におどらされるテレビ番組！

　先日，ある新聞のTV視聴率ランキング（3月20日〜26日）に，NHKの朝ドラの視聴率が20.4％とありました。どうやって算出しているのでしょうか。その記事の欄外に「ビデオリサーチの視聴率週報（関西地区）をもとに作成。数値は世帯視聴率で，標本調査のための統計上の誤差があります」と書かれていました。20.4％は視聴率としては高いのですが，誤差があるといわれてしまうと，にわかには信じられない気がします。

### ● 視聴率はどうやってしらべているの？

　テレビ番組の視聴率は，その番組を，その地区のテレビ所有世帯のうち何％が視聴したかについて表す推定値で，その番組のその時点での好感度に対する1つの指標です。ですが，すべての家庭のテレビで映されている番組を調べるのは大変です。

　視聴率には個人視聴率と世帯視聴率がありますが，一般的にいわれている視聴率は世帯視聴率のことを指します。いまやテレビ界は視聴率優先主義ですから，その業界の方々は大変でしょう。0.1％の増減に一喜一憂しているかもしれませんね。

視聴率は，全世帯のテレビを調べるのではなく，基本的に，モニター世帯に設置される，テレビに接続した専用の機器から得られるデータをもとに測定しています。また，間違いやすいですが，視聴率はその調査時刻にテレビの電源が入っていた世帯の割合を測るものではなく，調査対象世帯全体の割合を考えます。たとえば，100世帯がテレビ視聴率計測の対象だったとした場合，そのうちの1世帯だけがテレビをつけていたとします。この場合，つけていた1世帯が視聴していた番組の視聴率は100%とはならず，1%となります。

## 視聴率からわかること

　ある話題のテレビドラマが放映されはじめたとします。放映開始の1か月後に，300世帯の世帯視聴率を調査したら，25%だったとしましょう。この調査結果をもとに考えたとき，日本全体の世帯視聴率はどのくらいであるとみてよいのでしょうか。

　この種の問題に対する1つの解答は，次のページに示したような推定幅の表を利用すると簡単に算出できます。たとえば，調査する世帯の数300の行の視聴率25%をみてみましょう。列の数字が5.0になっていることがわかると思います。この5.0は数字からのズレの幅を示しています。この場合，5.0を25%の数字にプラス・マイナスした範囲が，日本全体での世帯視聴率と考えます。つまり，「全体での世帯視聴率は20%〜30%の範囲にある」と結論できる次第です。

　表をみると，実際の世帯数が300ぐらいだと，その上下動が5程度あり，かなり大きくなってしまうことがわかります。この幅はできるだけ小さい方がよいので，関東地区・関西地区・中京地区では約600世帯に視聴率計測器を設置しているようです。このくらいであれば，許容範囲ということでしょうか。それでもだいたい上下2%〜3%くらいはズレているということですね。

的中率95%の推定幅

| 視聴率(%)<br>世帯数 | 5 | 10 | 15 | 20 | 25 | 30 | 40 | 50 |
|---|---|---|---|---|---|---|---|---|
| 10 | 13.8 | 19.0 | 22.6 | 25.3 | 27.4 | 29.0 | 31.0 | 31.6 |
| 20 | 9.7 | 13.4 | 16.0 | 17.9 | 19.4 | 20.5 | 21.9 | 22.4 |
| 30 | 7.4 | 11.0 | 13.0 | 14.6 | 15.8 | 16.7 | 17.9 | 18.3 |
| 40 | 6.5 | 9.5 | 11.3 | 12.6 | 13.7 | 14.5 | 15.5 | 15.8 |
| 50 | 6.2 | 8.5 | 10.1 | 11.3 | 12.2 | 13.0 | 13.9 | 14.1 |
| 100 | 4.4 | 6.0 | 7.1 | 8.0 | 8.7 | 9.2 | 9.8 | 10.0 |
| 200 | 3.1 | 4.1 | 5.1 | 5.7 | 6.1 | 6.5 | 6.9 | 7.1 |
| 300 | 2.5 | 3.5 | 4.1 | 4.6 | 5.0 | 5.3 | 5.7 | 5.8 |
| 400 | 2.2 | 3.0 | 3.6 | 4.0 | 4.3 | 4.6 | 4.9 | 5.0 |
| 500 | 1.9 | 2.7 | 3.2 | 3.6 | 3.9 | 4.1 | 4.4 | 4.5 |
| 600 | 1.8 | 2.4 | 2.9 | 3.3 | 3.5 | 3.7 | 4.0 | 4.1 |
| 1,000 | 1.4 | 1.9 | 2.3 | 2.5 | 2.7 | 2.9 | 3.1 | 3.2 |

## ● 視聴率での調査世帯数に変動あり？

2016年10月3日から，ビデオリサーチは，関東地区のテレビ視聴率調査の仕様を変更しています。従来の600世帯に，録画した番組を再生したタイムシフト視聴した世帯（300世帯）を加えた900世帯の総合視聴率を発表するようになりました。テレビ視聴に関しての実際の状況をすこしでも反映できるようにした変更だと思います。

テレビ離れが叫ばれて久しい昨今ですので，テレビ業界もいろいろと対策を練りはじめているのかもしれませんね。

日本における標本調査法の発展に大きな契機となった，1948年8月に実施された読み書き能力調査の話です。

戦後，日本を管理していた連合国軍最高司令官総司令部（GHQ）は，第二次世界大戦に日本が突入した原因について，「難しい漢字を用いているために一般の日本人の国語力は低く，読み書きが困難で，したがって教育レベルも低いためではないか」（つまり，国にダマされていたのではないか）と考えました。日本がいう忠誠心や愛国心は，真の愛国心ではなく，善悪を判断する能力に欠ける国民をつくるのに教育が悪用されたと想像し，同時に日本人の知的年齢をアメリカ規準での12歳相当だと思ったことに端を発したようでした。実際このとき，日本語の大改革を断行し，公式表記文字をカタカナに改定することで，言語の簡素化をねらっていたといわれています。漢字やひらがなない世界，想像するだけで異様ですよね。この書ももしかしたらすべてカタカナで書かれていたのかもしれません。

そこで，連合国軍総司令部民間情報部の協力と（後の）国立教育研究所と統計数理研究所の援助で全国レベルの標本調査が遂行されました。調査地点となった市区町村は270，被調査者は21,008人，対象年齢は15歳から64歳まででした。結果は，当初GHQが考えていた意図に反して，日本人一般の平均的国語能力は中学校2年生程度で，それほど低くないことが判明し，日本語に代わりローマ字や英語を公用語として強制されかけた危機が救われたといわれています。言葉は民族の脊髄であり，文化の魂です。守られた日本語を大事にしたいものです。

> コラム — column 10
> **GHQは日本語が嫌いだった？**

# 17選 Statistics
# 世論調査は正しいのか？

　世論調査（内閣・政党支持率）は，全国の有権者約1億600万人のなかから3,000人の対象者を選び算出されます。古くは2001年6月の調査で，「小泉内閣」の支持率・歴代最高85％というものがあり，長期政権になりました。

　調査対象者は1億600万人のうちの3,000人ですから，世論調査で抽出される人は，全体の35,000分の1に相当します。この35,000分の1の声がはたして本当に全国の傾向を反映しているといえるのでしょうか。

## ● 世論調査は信じてはいけない？

　一般に，世論調査などでは，回答数よりも回収率（回答率ということもあります）が重視されます。なぜでしょうか？

　たとえば，A社とB社とである世論調査をしたとします。A社は1,000人から回答を得られたのに対し，B社は700人からしか回答が得られず，この結果，A社では支持率55％となり，B社では支持率40％であったと発表されたとします。みなさんはどちらを信用しますか？　多くの方は，調査対象者総数がわからないこの段階では，回答数が多いA社の世論調査と答えるのではないでしょうか。

　後で確認したところ，実はA社では，世論調査にあたって答えてくれなかった人が1,000人いたということがわかりました。一方でB社では，300人の人が答えてくれなかったようでした。よって回収率は，A社は50％，B社は70％となります。この事実がわかったとき，みなさんはどちらを信じますか？

　なかなか判断しにくいでしょうか。では，たとえば，答えなかった人の支持率が20％であったと仮定して実際に計算してみましょう。

A社調査でわかった支持者は，1,000人×55％＝550人います。一方，B社調査でわかった支持者は700人×40％＝280人です。では，未回答者のうちの支持者はどうでしょうか。A社では1,000人いましたので，1,000人×20％＝200人です。一方，B社では300人でしたので，300人×20％＝60人となります。この結果，A社の世論調査では，支持率は$\frac{750人}{2,000人}=37.5％$であったことになります。公表された55％の支持率と17.5％もの差があったことがわかりますね。一方B社の世論調査では，支持率は$\frac{340人}{1,000人}=34％$であったことになり，公表されたものと6％の差であることがわかりました。意外でしたか？

　調査数が1,000人だったB社と2,000人だったA社とでは，きいた人数が倍も違うのに，実際の支持率は34％と37.5％とで3.5ポイントの差しかありません。さらに，回収率が高かったB社の調査では，実際の支持率との差も6ポイントで収まりました。このことから，回答数よりも回収率の方が大事であることがすこしイメージできたのではないでしょうか。このことからもわかるように，回収率の明記のない世論調査などの記事はマユツバものですね。

　世論調査では，その正確性を担保するため，回収率は65％前後が目安だと思います。しかし，残念ながら回収率50％前後の調査が多いようです。では，50％の回収率のデータは本当に代表性が保たれるのでしょうか。不安になりますね。50％の回収率では，サンプリングに偏りが生じている可能性があると疑われても仕方ないかもしれません。報道関係者はあまり気にしていないのでしょうか。

## ● 世論調査も操作されている？

　読売新聞社は，第3次安倍改造内閣が発足した2015年10月7日から

8日にかけて緊急全国世論調査を実施しました。安倍内閣の支持率は46％で，前回調査（9月19，20日）から5ポイント上昇し，不支持率は45％（前回51％）に下がりました。安全保障関連法が成立した直後の調査では，支持率が下落して不支持率を下回っていました。首相が改造内閣に主要閣僚を留任させたことを「評価する」は50％と半数にとどまり，「評価しない」は34％でした。一方，2015年10月17，18日に朝日新聞が行った全国世論調査（RDD法）では，安倍内閣の支持率は41％で，前回調査（9月19，20日）から6ポイント上昇し，不支持率は40％（前回45％）に下がりました。両新聞社の調査結果の違いを楽しんでください。新聞を複数紙読まなくては真実がみえないというのは，こういうところからもいえると思います。

## ● 誤差の評価は可能なはず

標本調査では，全部ではなく一部しか調べないので調査に誤差があるのは当たり前です。では，誤差をなくすにはどうすればよいのだろうと考えてしまいがちですが，標本調査の性質上，それは不可能です。発想を転換してみてください。

実は統計ではその誤差をどう評価するのかが一番重要となります。内閣支持率50％ですが，誤差はプラス・マイナス20％ですなんていわれたら，そんなの信じられないと思ってしまうでしょう。統計的手法はそ

の誤差を明らかにすることで結果を評価することもできるのです。

　余談ですが，実は，この種の数字発表に誤差幅を書いている新聞は1つもありません。有権者全員からのデータにもとづいているわけではありませんので正確な値でないことは当然ですが，その誤差幅を示さないのは不誠実だと思います。統計のなかの区間推定法という方法を学べば，たとえば，信頼度95％で支持率は○○％～△△％であるぐらいは主張できますが，このあたりは別の書に譲りましょう（これは高校の数学Bの教科書にも記述されていることです）。

## ● 世論調査の正しい見方とは？

　世論調査では，全国民の意見という建前で行われています。ですが，表した数字に誤差があることにふれていないので，正確性に欠けています。さらに悪いことに，こうして表された不正確な数字は「世論調査の結果」というラベルを付けていますので独り歩きをしてしまいがちです。その結果が政局を動かすことになる可能性も否定できません。もし仮にそうなってしまったとしても，調査者のだれも責任をとることはないでしょう。この構造が心配です。少なくとも誤差がどのくらいあるのかを示すことは必要であると思います。それがないようでは，統計的にその結果に是も非も唱えることはできず，ただの意味のない数字でしかないことを，読者の皆さんは頭に入れておいてください。

　誤差が大きいことや質問の仕方などが回答をゆがめる可能性は非常に大きいのです。しかし，そのことが指摘されていても，一度数字が発表されると客観性の程度が何となく増してしまい，それがもととなって残念なことに人々の思考や行動を変えてしまうことはままあります。世論調査を決定的なものとして取り扱うべきではないことにみなさんは注意してくださいね。世論調査が危険なのは，正しさはほぼ検証不可能で，さらに誤りが証明されることも原則ないことです。統計的データに対し

ての調査結果ですので，世論調査の過大評価は慎み，参考程度のあつかいに留めることがデータの読み方としては大切であると思います。

## ● 何に気をつけたらいいのか？

標本調査では，標本の大きさが1,000以下のとき，百分率は端数のない数に四捨五入した値で十分です。よく小規模(大きさ数百という程度)の標本調査の結果を，23.4％などと報道するような新聞やテレビがみられます。この場合は，統計の入門程度の知識もない人が作成したのだなと考えて差し支えないですね。また，次のようなことも見かけます。

ある主要新聞の朝刊の記事のなかに，「赤ちゃんの入浴時間「夜8時以降」が6割」という表題がありました。この記事をよく読んでみると，育児文化研究所の人が，首都圏の0～11か月児の母親50人にインタビューして得た結果でした。みなさんは首都圏の50人の調査で出された結論が統計的に適切なものであるといえると思いますか。状況としてそういう実態があることを想像することはできますが，一般的な客観性は疑わしいのではないでしょうか。今後はメディアもデータソースの妥当性をよく考えて記事にしてほしいものです。

一部分から全体を知るといったこの種の行為は，データから母集団について推測することと同じですが，就職する会社に関する情報や，結婚を前提とした付き合う相手の情報，また本屋でのパラパラめくりや，たった7日間程度でいくつもの国を見ようとするパック旅行といったように，統計とは縁遠い日常のできごとのなかにもたくさん見いだせます。極端に偏った一部分から全体を類推すると，不適切な結論を得ることになりますので注意しましょう。調べるべき適正な一部分をどう抽出するかというものの見方の根幹に関わるこの考え方は，実生活でも統計でも同じように必要なことです。

## コラム column 11 世論調査のはじまり

聞き慣れた世論調査ですが,日本で世論調査が始まったのはいつからだったのでしょうか。現在では,1945年10月の毎日新聞社による「知事公選の方法について」,および1946年3月の朝日新聞社による「支持政党調査」あたりから初めて用いられたのではないかと考えられています。連合国軍最高司令官総司令部(GHQ)の奨励や援助があったともいわれています。それらの経緯を踏まえて,1947年に統計法が制定されています。

1948年のアメリカ大統領選挙予測の失敗(20選参照)は,世界的に大きなショックを与えました。日本では世論調査がようやく軌道にのりはじめたときでしたので,関係者も衝撃を受けました。その失敗原因の1つは,(あらかじめ抽出すべきデータ数を割り当てる)割り当て法でサンプルを選んだことでした。日本では当初から,ランダムサンプリング(無作為抽出)法(12, 18選参照)による調査をしていましたので問題はなかったようです。

# 18選 Statistics
# 美味しいみそ汁がつくれる人は世論調査も上手！

みなさんは料理が得意ですか？ 思ったような味にならないなどの経験をされた方もいらっしゃると思います。実はまったく関係ない料理と世論調査とは、根にある考え方は似ているのですよ。

## ● 誤った世論調査

イギリスは2016年6月23日，欧州連合からの離脱を問う国民投票を行い，3.8%の差で離脱派が勝利しました（全体の51.9%）。実はその前の19日～22日にかけて6社による世論調査（インターネット調査，電話調査，調査員の聞き取り方式）が実施されました。それによると，残留派の勝利が3社，離脱派の勝利が2社，残り1社が同じ割合という結果になったそうです。これだけみると残留になりそうですが，実際にはご存じの通りです。世論調査の発表によって意見を決めた人もいると思いますので，そうとはいい切れませんが，世論調査の数字がどこまで信用できるか，疑問視される向きが出てきても仕方ないのかもしれませんね。

また2016年11月に実施されたアメリカ大統領選挙では，多くの世論調査と異なる結果になったことは，みなさんの記憶に新しいことと思います。世論調査の回収率が極端に悪かったようです。全米の総得票数ではクリントンさんの方が多かったのですが，大統領選挙人を過半数獲得したのがトランプさんだったという，アメリカ特有の選挙のためこのようになったみたいですね。

では，世論調査はどのように調べられているのでしょうか。よく利用されている2つの調査方法をみていきましょう。

## 直接会って聞けばいい

世論調査では，全国の有権者から約3,000人の対象者を選び，2日間にわたり，調査員が個別に面接調査をする方法があります。これを層化無作為二段抽出法といいます。大げさな名前ですが，そんなに難しいことはしていません。実際にどのようにされているのかみてみましょう。

対象者の選び方は，全国の投票区をまず，都道府県，都市規模，産業別就業率などによって348層に分けるところから始めます。その各層から1投票区を無作為抽出（ランダムサンプリング）して調査地点とします。さらに，調査地点となった投票区の選挙人名簿から平均9人の回答者を無作為に選びます。最終ステップの面接調査では実際のインタビューに際してこのほかにもいろいろと大変なことがあるようです。

この方法は非常に有用な方法で有効回答率も高いのですが，時間と費用がかかりすぎるというデメリットもあります。

## 手当たり次第に声をかける

世論調査で昨今よく利用されている方法がRDD法（Random Digit Dialingの略）とよばれる電話調査です。これはコンピュータで無作為に数字を組み合わせて番号をつくり，その番号に電話をかけて調査する方法です。昼間に行うことが多いため，電話に最初に出た人に回答してもらうと高齢者や専業主婦といった在宅率の高い層の回答が多くなります。

その偏りを除くために，電話に出た人にその世帯に一緒に住んでいる有権者の人数をきき，そのなかから1人を選んで調査対象者になってもらいます。対象者を選ぶときは，無作為になるように，コンピュータでサイコロを振ることが多いようです。こうして選ばれた1人に回答をしてもらうわけですが，もしその方が不在であれば何度か電話をすることになります。市外局番や市内局番は実際に使われているものを使い，地域に偏りが出ないように番号をつくっているようです。この方式だと，

美味しいみそ汁がつくれる人は世論調査も上手！

電話帳に番号を載せていない人にも調査をお願いすることができますので、幅広い人に話をきくことができるというメリットがあります。

世帯内での有権者数の違いや電話回線の数の違いなどに関してさまざまな補正もなされているようですが、固定電話を持たない人や携帯電話しか持っていない人には接触できないデメリットもあります。2014年9月と10月に日本世論調査協会と所属する報道機関6社（朝日新聞社・NHK・共同通信社・日経リサーチ・毎日新聞社・読売新聞社）は、携帯電話を対象にした実験調査を実施し報告書にまとめています。そこでは、家庭用固定電話を対象にした現状の世論調査と同様な傾向がみられたことから、携帯電話調査の実現可能性に向けて一歩進んだとしています。

しかし従来の国勢調査の構成比より20代の回答が多く得られた一方、男性の回答が多くなるといった課題も浮上しています。女性の方は警戒心が強いのでしょうか。より良い調査方法の開発に向けた努力はなされているようです。このRDD法はみなさんが新聞紙上で目にされるように実によく使用されています。

## ● 時代の流れに乗ったRDD法

朝日新聞社が2016年7月11，12日に実施したRDD法世論調査では、従前の固定電話に加えて携帯電話の番号にも電話をかけたという記事を読みました。携帯電話も含めたRDD法が実際に実施されはじめた模様です。それでも回答率は51％でした（17選参照）。また、8月6，7日の安倍内閣改造に関しての同様な調査では、回答率は49％だったそうです。

## ● 同じ"サンプル"でも違いがある？

食事処で、店頭に飾られたサンプルと実際出てきたものの大きさや盛りつけの違いを経験された方もおられると思います。統計の世界では調

査用のサンプル（一部分，標本）は，全体とよく似ているものが強く要求されますので，その差について思うところがなくはないのですが，みなさんはどうですか。違和感を覚えられるようでしたら，統計的な考え方が身についてきたのかもしれませんね。

　良いサンプルとは，いうまでもなく全体とよく似ている一部分（全体の適正な縮図）のことです。たとえば，美味しいみそ汁をつくる際には，鍋のなかにみそを入れてよくかきまぜてその一部を味見するのが普通です。この「かきまぜる」という一手間を怠ると，鍋全体のみそ汁が，まるで見当はずれの味になる可能性があります。よく「まざった」ものの一部分を取り出すと全体とほぼ同じ味になります。より良いサンプルを取り出すには，このよくかきまぜることが重要になります。食品開発では試作品をつくりこのような味見検査をするのは通例のことのようです。同じように世論調査などでも「よくまざった」ところから取り出す努力をしていることが，これまでの説明でおわかりになられたことと思います。

## ● ランダムには無心の境地が必要？

　調査の基本となる無作為抽出は，特別の意志をもたない無心の選択であることを目指しています。しかし，無心はかの老子がその書で説いたくらいのものですから，大変な作業で人間にはなかなかできません。現在ではコンピュータを用いて実施されることが多いですね。

# 19 選 Statistics
## 選挙の当落速報は正しいのか？

2016年7月31日の東京都知事選挙では，NHKは都内64か所で出口調査を約5,200人対象に実施し，71%の3,700人の回答（期日前投票は含まない）をもとにして，早々と小池百合子さんの当確予想を報道しました。実際291万票を得ての断トツでした。

### ● 出口調査はいつから始められたの？

出口調査は候補者に当選確実を打つための資料の入手方法として，かなり前から行われていました。しかし，専門家による統一的な調査ではなかったのがほとんどでした。独立した統計的データとしてあつかわれる流れができたのは1990年ごろです。その背景には開票の速報合戦があります。

NHKは1993年7月の衆院選で統計的手法を取り入れた出口調査を全国的に行い，開票前に各党の議席獲得予測を伝えました。これは国政選挙では初めての試みでした。この年，民放キー局もテレビ東京以外は出口調査を番組で活用しました。

1992年の参院選に向けて出口調査の速報システムをつくった日本テレビは，この衆院選でも全国129選挙区の86から97の選挙区で系列と

して調査をしました。その当時の投票締め切り時刻であった午後6時(現在は原則午後8時)になると同時に選挙結果を政党別に予測しました。約半数の選挙区で出口調査したTBSでは，開票前，得票予測を注目の選挙区ごとに流し，調査の精度を番組で検証しました。

2016年夏の第24回参議院選挙での朝日新聞の出口調査では，全国3,660の投票所で，投票を終えた有権者に，選挙区で投票した候補者，比例代表で投票した政党，候補者，普段の支持政党，憲法を変える必要性などをタブレット端末を用いて回答してもらったようです。有効回答は18万2,646人だったようですが，これは多かったのでしょうか。一方，共同通信社が実施した出口調査では，47都道府県1,856の投票所で7万5,304人の回答を得ていたそうです。同じ出口調査でもこの差は何で起こるのでしょうか？ 1つの投票所での有効回答者数をみると，182,646÷3,660≒49.9人の朝日新聞と75,304÷1,856≒40.5人の共同通信とで約9人の差がありますが，これは調査会社の出口調査に対する考え方によると思います。

### ●「当確」報道後の落選？

2014年の年末の衆議院選挙では，報道3社が当確の情報発表で勇み足をしました。しばらくしてお詫びの報道がありましたが，監督官庁からお叱りがあったそうです。すこし生々しいことですがもう時効になっている古い話をします。

1993年7月の総選挙開票日の18日，テレビ各局が分秒を争う当選速報にしのぎを削りました。しかし，新党出現の激戦を反映してか，いずれの局も候補者の当選速報を間違える勇み足がありました。なかには，各局の「当選」速報で万歳をしたにもかかわらず，落選した候補者も出ました。なお，選挙結果は，自民党の過半数割れ，社会党の大敗，3新党の躍進ということになりました。

当選の打ち間違いは，技術的なミスも含め，NHKで2人，日本テレビで4人，TBSで2人，フジテレビで3人，テレビ朝日で6人，テレビ東京で2人起こってしまいました。いずれも番組内で訂正放送しましたが，間に合わなかったケースもありました。各局とも誤ったのは激戦だった大分2区の岩屋毅候補（さきがけ）で，番組のなかで喜びにわきたつ同候補の姿が何度も放送されました。各局とも当確を打つために，世論調査や前年の参院選から大規模に導入されはじめた出口調査，取材記者の情報などをもとに独自で判断したそうです。テレビ関係者のなかには，「新党が相次いで生まれた結果，激戦区では判断に悩む難しい要素が増えた」「出口調査の数字に引っ張られたケースもあった」と誤りの原因を分析していました。

## ●「当確」勇み足はなくならない？

　1995年7月23日の参議院選挙について，テレビ各局が放送した開票速報では，誤って「当選確実」を流したケースがテレビ朝日系2，TBS系1の計3件にのぼりました。テレビ朝日系は鹿児島選挙区で落選した候補に「当確」を打ち，数分後に訂正しました。愛知選挙区では当選した候補の「当確」をいったんはずし，約1時間後に打ち直しました。テレビ朝日広報部はこの件について「いずれも入力ミス」と説明しました。TBS系は熊本選挙区の落選した候補に「当確」を打ち，数分後に訂正しました。TBSは「コンピュータシステムの誤作動が原因」の説明でした。2社の誤りははたして本当に説明されたことが原因なのでしょうか。これらの誤りの原因は，データの質の問題とあつかう人間さまの問題が合わさったことから起こったように思います。

　選挙を社会現象とみると，世論調査による情勢調査はその社会現象を数量的にとらえているということになります。こういった調査は，回数を積み重ねることによって，その数値が意味する内容をより正確に読み

取ることができるようになります。その証拠というわけではありませんが、1990年代初期と比べて、最近、選挙速報では間違った当確はあまり見かけなくなりました。しかし、残念ながら現在でもときどきは起こっています。選挙に出馬したときは、「当確」が出たとしても万歳には気をつけた方がよいかもしれないですね。

> **コラム — column 12　出口調査の方法**
>
> 総選挙での当確予想は主に出口調査の結果にもとづき行われています。テレビ各局や新聞社でいくぶん異なるかもしれませんが、その出口調査のポイントは次の通りです（最新では一部変更があるときいています）。

(1) 調査地点数をまず1選挙区何か所かに決める。

　これは過去の選挙結果などを考慮して親テレビ局などが立案し、系列各局がさらに地盤などを考慮して最終決定します。

(2) 各所でのサンプルは調査前にあらかじめ決められた数を午前と午後に分けて異なる場所で収集する。

　これは得るデータ数を各所の有権者数に比例して割り当て、できるだけ多くの投票所での投票結果を集めるため、午前と午後に異なる場所で収集するためです。

得票予測数は、出口調査による推定支持率、有権者数、前回または今回選挙での投票率、前回選挙での無効率などを用いて算出されます（この具体的方法は各局秘密あつかいになっていますので、詳細はわかりません）。これをもとに、報道のオンエアに間に合うよう漸次修正していき、みなさんの目に届けられることになります。

# 20 当選予測の世紀の大誤算！

選

Statistics

1936年のアメリカ大統領選挙に関して，雑誌「リテラリー・ダイジェスト」は，1932年に行われた前回の大統領選挙のときに，その選挙結果を正確に予測した購読者リストを再び利用して，そのなかから1,000万人の電話所有者とこの雑誌の講読者をサンプルとして調査しました。さて，結果はどうなったでしょうか？

## まさかの結果

寄せられた230万枚の回答をもとにした調査の結果，この雑誌は獲得選挙人数として，ランドン候補の370に対して，ルーズベルト候補は161になるであろうと確信をもって発表しました。ところが，実際には，共和党のランドンの36.5％の票獲得に対して，民主党のルーズベルトは60.8％をほこり圧倒的な勝利をおさめて大統領になりました。

## そのサンプルは正しいのか？

選挙予想が成功した以前の有権者リストを使ったにもかかわらず，こんなミスがあったのはどうしてでしょうか？

いろいろな事後調査で，使ったリストに偏りがあったことが明らかになりました。実は，投票者すべての代表サンプルではなかったのです。どういうことかといいますと，彼らは経済的にも特別の人たちであり，サンプルとしては共和党支持者が多かったのです。そのため，サンプルではランドンが選ばれましたが，全投票者でみるとルーズベルトが大統

領に選出されたということになったのです。

## 統計は誤らない

このように誤りの原因は，調査された対象が高所得者層に偏っていたということと，このときの選挙では所得階層と支持政党との間に明瞭な関係があったということです。リテラリー・ダイジェスト誌ではそれまでにも5回同じ方法で大統領選挙予想を実施しており，そのいずれにも予想は的中していましたが，それはたまたま偏った対象でも同じ傾向がみられたということで，今回は全体との傾向が大きく異なったためと考えられます。

一方，前年に世論調査の業界に参入したジョージ・ギャラップ社は，同じ大統領選挙で，標本調査法（割り当て法）でわずか3,000人という少ない対象者からの回答をもとにルーズベルトが54％の票を得て当選すると予想し，これを的中させたことで一躍有名になりました。得票率誤差はギャラップ社6.8％，リテラリー・ダイジェスト社19.6％となり，優劣は決定的でした。リテラリー・ダイジェスト誌はこの痛手がもとで翌年廃刊に追い込まれました。これは統計の責任ではなく，使用した調査方法とあつかった人間さまに問題があったのです。

## 同じ方法がいつも正しいとは限らない

ところがです。12年後の1948年の大統領選挙では，そのギャラップ社も予想を外しました。このときは，有名な3社すべての予想が外れたきわめて異例の選挙でした。これにより利用した割り当て法にも実際に行動する調査員の主観が反映されてしまう点があるということがわかり，この後，無作為抽出法が使われるようになりました。

無作為標本であるかどうかは「母集団のなかのすべての人（もの）は，等しくサンプルに選ばれるチャンスがあるか？」がポイントです。

# 21選 Statistics

# カエルの子はカエル？

「カエルの子はカエル」ということわざもあるように，子どもは親に似るのが常ですが，「トンビがタカを生む」ということわざもあります。どちらがより正確なのでしょうか。人間もそうですが，一般に親のある種の性質は子どもに遺伝します。しかし子どもは必ずしも親にそっくりそのままというわけではありません。たとえば父親が高身長であれば，その子どもも大きくなる場合が多いのですが，しかし高身長の親の子どもでもそれほど大きくない，時には人並みより小さい場合もあります。では，親の身長はどの程度まで子どもに遺伝するのでしょうか。このようなことも，統計で確認することができます。

## 🔵 身長は遺伝しない？

『種の起源』で有名な進化論を著したチャールズ・ダーウィン（1809 〜 1882）の従兄弟で，生物遺伝の研究に大きな足跡を残したフランシス・ゴルトン（1822 〜 1911）が，相関の分析という統計の手法を考案して初めて遺伝の研究に応用しました。

ゴルトンは親子の身長のデータを分析しました。そのうちの1つについて，次のページの図（散布図）で表されたデータからみてみましょう。ここでは，よこの目盛りに親の身長，たての目盛りに成人したときの子の身長を示しています。まず，身長 155 cm の低身長の親の子の身長を

読んでみます。

　親の身長が完全に子に遺伝するものであれば，子の身長もすべて 155 cm（したがって平均身長も 155 cm）となるでしょう。しかし実際にはそうでなく，親が低身長であっても子は必ずしも低身長ばかりでなく，なかには人並み以上の身長をもつ子も出ていることがわかると思います。その結果，子の平均身長は 155 cm より大きくなります。

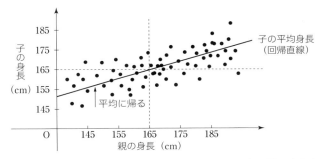

　逆に 185 cm のような高身長の親を選んでさきほどと同じようにその子の身長をみると，たしかに高身長の子が多いですが，なかには低身長の子もまじっています。その結果，平均身長は親よりも小さくなります。

　この結果から，親の身長が平均よりも小さい場合は，子の平均身長は全体の平均よりは小さいが，親ほど小さくなく，いわば全体の平均身長の方向に帰っていく傾向があることがわかります。同様に，親が平均よりも大きいときも，子の平均身長は親よりも小さくなって平均身長の方向に帰っていきます。人の身長は一代ごとに平均身長の方向に回帰（退化，先祖帰り）していく傾向があります。これらを回帰現象ともいい，図上での太い線がこの回帰を示す線になります。

　子の身長は $\frac{1}{2}$ は両親，$\frac{1}{4}$ は祖父母，$\frac{1}{8}$ は曽祖父母……といった具合に決定されるとゴルトンは遺伝予想しています。はたして実際はどうでしょうか。みなさんは思い当たる節がありますか？

# 22選 Statistics

## 湖にいる魚の総数がわかる？

2017年3月7日実施の広島県公立高校一般入試の科目「数学」で，次のような問題が出題されていました。

「ある池にいるコイの数を調べるために，池のコイを56匹捕らえ，そのすべてに印を付けて池に戻しました。数日後，同じ池のコイを45匹捕らえたところ，そのなかに印の付いたコイが15匹いました。この池にいるコイの数は，およそ何匹と推測されますか。一の位を四捨五入して答えなさい。」

さてどう解決しましょうか。

### ● この湖に何匹の魚がいるのか？

ある湖の魚の総数は何匹か，ある山に生息する鳥の総数は何羽か，というような1つの集団の総数を推定する課題に出くわすことがあります。一般に，ある地域またはある海域内に生息する動物（魚，うさぎ，虫，ねずみ，鳥，イリオモテヤマネコなど）の総数を推定するのに，基本的な方法の1つとして，捕獲・再捕獲法（標識再捕獲法ともいわれます）があります。

たとえば，調査対象の湖で1,500匹の魚（$m$とします）をつかまえ，赤色のタグをつけて放したとします。しばらく期間をおいて新たに1,000匹の魚（$n$とします）をつかまえたところ，赤色のタグのついた魚が100匹（$k$とします）いたとしましょう。このとき，この湖には全部で何匹の魚（$N$とします）がいると推定できるでしょうか。

実際に求めてみましょう。すこしわかりにくいかもしれませんが，落ちついて考えればわかりますよ。

手順1：湖で1,500匹を捕獲し，赤色の
タグをつけて再び湖に放します。

手順2：湖のなかの魚がよくまじり合
うようにするため，しばらく
の期間をおいて新たに1,000匹
を再捕獲したところ，そのな
かに赤色のタグがついた魚が
100匹いました。

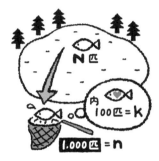

手順3：湖にいる魚の総数を$N$とすると，$N$は次の式で推定されます。

$$総数\ N = \frac{mn}{k} = \frac{1,500 \times 1,000}{100}$$
$$= 15,000$$

この式は比の考え方でも導けます。途中でよくまじり合えば，総数$N$と赤色のタグのついた魚の数$m$の比について，次の比例の式が成り立つと想定できるからです。

$$N:m = n:k$$

これを変形すると上の式$N=\dfrac{mn}{k}$となりますよね。

ここで上記の場合(手順2)で赤色のタグのついた魚が1匹も取れなかったとしたらどうなるのでしょうか? この場合は,手順3で分母の値が0なのでこの式が使えません。そのため,少なくとも1匹は取れるまで標本を取り続ける必要があります。

ちなみに,冒頭の高校入試問題ですが,この式で考えますと,$m=56$,$n=45$,$k=15$ の場合ですので,$N=56×45÷15=168$ となり,正解は「およそ170匹」となりますね。

実は,この総数 $N$ は統計学の分野で良い点推定量といわれている最尤推定量になっていることが,すこし計算に手間取りますが示すことができます(説明は他書に譲ります)。

## ● 印がつけられないときは?

ある地域に生息する鳥のように,実際に目で見える集団の総数を推定する場合には,他の方法も使えます。その方法では,まずその地域を小さい区画に分け,その小さい区画のなかにいる鳥の数を数えます。その後,面積の割合を使って地域全体の鳥の数を推定するという方法です。

しかしこれには1つ難点があります。それは,鳥は1か所にじっとしていないため数えることが難しいことです。それなら,魚の例のように捕獲・再捕獲法を用いればよいのではないかとの考えもあるかもしれませんが,鳥の場合はこれにも難点があります。タグを羽根などにつけると他の鳥が恐れるので,足輪をつけるわけですが,とくに小さい鳥のような場合は,鳥をつかまえたり,足輪の有無を見たりするのが大変な手間になることです。

そこで,鳥の場合はライン・トランセクト法といって,鳥の生息地域を歩いて,鳴き声や観察によって総数を数える方法が用いられています。このようなことに関連してさまざまの興味深い話が『野うさぎを数える』(林知己夫著作集編集委員会編)で紹介されています。一見統計と関係

なさそうな分野でも統計が使われていることがわかるよい機会になると思います。

> 数百個の白玉が入っている大きな容器があります。その概数をてっとり早く当てる方法も捕獲・再捕獲法で行うことができます。その手順は，たとえば，次のようになります。
>
> (1) 黒玉を30個その容器のなかに入れる。
> (2) よくかきまぜて再び30個の玉を取り出す。
> (3) そのなかに黒玉が$k$個あった。
> (4) この白玉の総数は$\frac{30(30-k)}{k}$で与えられる。

**コラム — column 13　玉の総数の推測**

このケースでは，たとえば$k=1$であれば白玉の総数は870個となります。ポイントは，容器のなかを「よくかきまぜている」ことです。これによって，次のように推定する式ができることになります。

$$白玉の総数 = 混入した黒玉の数 \times \frac{取り出した白玉の数}{取り出した黒玉の数}$$

ここで$k$が1以上となるまで標本を取り続けるのが妥当な行動だといいましたが，たとえば，55個の黒玉を含む1,000個の白玉の入っている袋から，よくかきまぜて25個を無作為に取り出すとき，そのなかに黒玉がまったく入っていない（$k=0$に相当）確率は24%となりますので，2割強の割合で黒玉の入っていない状況が起こります。黒玉1個取り出すだけでも大変ですね。

# 23 選 Statistics
# たばこを吸うとがんになりやすい？

　2013 年の統計から，日本人の約 2 人に 1 人はがんにかかり，約 3 人に 1 人はがんで亡くなっていることがわかっています。日本人の死因の第 1 位はがんです。がんになるリスクは年齢とともに高くなります。長生きによる副産物なのかもしれません。

## ● たばことがんの因果関係

　たばこを吸う人が肺がんになりやすいことは，いまや各国の膨大な研究からも明らかです。日本でも毎日たばこを吸う人の肺がん死亡率は，吸わない人に比べて男性で 4.8 倍，女性は 3.9 倍も高くなるとの調査結果があります（「がん情報サービス」のサイトからの表をこの選の最後に引用しています）。喫煙本数との関係では本数が多いほど肺がん死亡率が高くなり，1 日 50 本以上吸う男性は吸わない人の 15 倍ということもわかっています。一方，たばこをやめて 10 年たてば，肺がんになる危険度は，喫煙し続けた人と比べて 3 割に下がるようです。

　みなさんもご存じの通り，本人がたばこを吸わなくても，周囲に喫煙者がいれば，たばこの影響から逃げられません。喫煙者のたばこから出る煙を吸い込む受動喫煙があるからです。たとえば，ずっと以前に，予防がん学研究所長（当時）の平山さんは，夫が 1 日 20 本以上喫煙している家庭では，たばこを吸わない妻でも，肺がん死亡率は夫が非喫煙者の家庭の約 1.9 倍になることを発表されました。愛する家族のためにも，喫煙者のみなさんは苦労してでも禁煙する価値は十分にありそうです。

　2016 年 8 月の国立がん研究センターを中心とする研究班の発表では，たばこを吸わない人が受動喫煙で肺がんを発症・死亡するリスクは，受動喫煙がない人に比べて約 1.3 倍に上昇するとありました。本人はいい

のでしょうが，家族にとってはまさに百害あって一利なしですね。

## ● 5月31日は世界禁煙デー

　研究結果によると，たばこの煙が漂う空気を吸えば（受動喫煙），煙粒子中の発がん物質3種類のそれぞれ半分が呼吸器に残ることが知られています。また，喫煙者の衣服や喫煙した場所に残った有害物質による，三次喫煙という問題もあります。こちらはまだ認知度が低いですが，たばこの煙から意識して距離を取っていたとしても，思いがけないところで被害にあってしまうという問題点などがあります。たばこが健康に与える影響は，喫煙者本人やその家族だけでなく，見知らぬ他人にまでおよぶということはさまざまな研究から明らかですので，ご用心ください。

　2016年5月31日に厚生労働省の研究班が受動喫煙が原因で死亡する人が国内で年約1万5千人（乳幼児を除いて男性が4,523人，女性が1万434人）にのぼるという推計結果を発表しました。女性が男性の2倍以上となっています。家庭内受動喫煙率が高いためかもしれませんが，日本でも公共の場所での屋内全面禁煙の法制化といった動きが出ています。日本はまだ努力義務にとどまっているようですが，さて，どうなるのでしょうか。2020年の東京オリンピック・パラリンピックに向け国は対策を強化するようですが……。

　日本では，喫煙が原因で年に約13万人，受動喫煙で約1万5千人が

死亡すると推計されています。その合計数は，交通事故や自殺で亡くなる人の数をはるかに上回っています。

## ● 日本のたばこの消費者は確実に減っている

400年という長い歴史をもつたばこ産業は現在，先進諸国で健康への影響を懸念する声から，大きな変化の時を迎えています。喫煙者数は減少し，広告の制限や公共スペースの禁煙化など政府による規制も進んでいます。しかしこういった動きがある反面，世界的にみれば，喫煙者数はむしろ増加傾向にあります。世界保健機関によれば，その数は10億人以上にものぼるようです。これに伴って，生産地も先進国から新興国へ移行しつつあります。たばこメーカーはより賃金の安い労働者を雇うことで，世界経済が金融危機で大きく減退した後も利益を増やし続けています。

日本での喫煙者率（％）の歴史をみると，次の表のようになっています（日本たばこ産業（JT）調べで，厚生労働省まとめのデータではないことに注意してください。両者には違いがあります）。

| 年 | 男 | 女 | 男女計 | 喫煙人口(万人) |
|---|---|---|---|---|
| 1966 | 83.7 | 18.0 | 52.0 | 5,149 |
| 1980 | 70.2 | 14.4 | − | − |
| 1985 | 64.6 | 13.7 | − | − |
| 1990 | 60.5 | 14.3 | − | − |
| 1995 | 52.7 | 10.6 | − | − |
| 2000 | 47.4 | 11.5 | − | − |
| 2005 | 39.3 | 11.3 | − | − |
| 2010 | 36.6 | 12.1 | 23.9 | 2,495 |
| 2011 | 33.7 | 10.6 | 21.7 | 2,279 |
| 2012 | 32.7 | 10.4 | 21.1 | 2,216 |
| 2013 | 32.2 | 10.5 | 20.9 | 2,195 |
| 2014 | 30.3 | 9.8 | 19.7 | 2,059 |

1966年には男女合計で喫煙者率が52％もありましたが，国民の健康に対する考え方の変化とあいまって，喫煙者率は徐々に下がってきていることがわかると思います。しかし，残念なことに，最近はほとんど変わっていません。2014年の統計でついに男女合計で20％を切ったのは大きなことですが，それでも喫煙人口はまだ2千万人はいるようです。2015年，2016年の喫煙者率はそれぞれ，19.9％，19.3％でした。

　喫煙は，肺がんの危険性を高めるだけではなく，喉頭がん，食道がんなどの危険性も高めることがわかっています。また，心臓病や呼吸機能への影響もあります。このため「喫煙者の死亡率は吸わない人より高いのに，なぜ生命保険料が同じなのか」という声が高まり，いまから20年以上も前に，生命保険協会長が協会として喫煙者の死亡率のデータを集める考えを明らかにしました。しかし，その後の議論にあまり進展はありません。近いうちに，たばこをやめないと生命保険料が割高になるという時代がくるかもしれませんね。2016年に筆者の知っている大手の保険会社にはそのような商品はありませんが，一方で，小さい保険会社がそのような商品を売り出しているケースもあるようです。

## ● 愛煙家のたばこ税による貢献

　たばこは税負担（国たばこ税・地方たばこ税・たばこ特別税・消費税）が6割を超える商品です。たとえば，定価430円のたばこの税金は，国たばこ税106円4銭（24.7％），地方たばこ税122円44銭（28.5％），たばこ特別税16円40銭（3.8％），消費税31円85銭（7.4％）となります。実に64.4％の276円73銭が税金です。こうして愛煙家からかき集められたたばこ税収入は，国と地方にほぼ半々の割合で配分されます。国税でみると，税収の約3％がたばこに関わるもので占められています。

　このように，たばこは多くの税金を払って行う嗜好品です。せっかく高い税金を納めるのですから，まわりに迷惑をかけずに，全員が心地よ

く楽しめるよう，最低限のマナーを守らないと，もったいないですね。

## 喫煙とがんの関連の深さ

次ページの表は国立がん研究センターのがん情報サービスからの一部引用です。

喫煙によってがんのリスク（がんになる，またはがんで死亡する危険性）がどれくらい上昇するかは，「相対リスク」という数値で表現されます。これは，たばこを吸わない人を1として，たばこを吸っている人のがんのリスクが何倍になるかを表します。また，がんの原因のうち喫煙がどのくらいの割合を占めるかを表す指標として，「人口寄与危険割合」があります。これは，がんの原因全体を100％として，そのうち何％が喫煙で説明できるか，を表します。

次の表で，日本における喫煙とがん死亡についての相対リスクをみると，男性で2.0倍，女性で1.6倍であることがわかります。これは，たばこを吸う人のがんで死亡するリスクが，吸わない人に比べて男性で2.0倍，女性で1.6倍であることを意味します。肺がんだけでみると，男性では4.8倍と高く，女性では3.9倍と高くなっています。男性の相対リスクが女性に比べて高いのは，同じ喫煙者でも男性の方が喫煙本数が多く喫煙年数が長いためであると考えられます。

また，人口寄与危険割合をみてみると，がん全体では，男性で39％，女性で5％が喫煙が原因であると考えられます。肺がんだけでみると，男性の肺がんは約70％と高く，女性でも20％と他のがん種に比べて高くなっていることがわかります。女性に比べて男性で人口寄与危険割合が高いのは，男性の喫煙率が女性より高いことが主な原因です。

この表をみるだけでも，喫煙は害が多いことがわかりますね。

日本における喫煙とがん死亡についての相対リスクと人口寄与危険割合
(1983年～2003年)

| がん種 | 男 | | 女 | |
|---|---|---|---|---|
| | 相対リスク | 人口寄与危険割合(%) | 相対リスク | 人口寄与危険割合(%) |
| 全がん | 2.0 | 39 | 1.6 | 5 |
| 口唇・口腔・咽頭 | 2.7 | 52 | 2.0 | 7 |
| 食道 | 3.4 | 61 | 1.9 | 12 |
| 胃 | 1.5 | 25 | 1.2 | 3 |
| 肝・肝内胆管 | 1.8 | 37 | 1.7 | 5 |
| 膵臓 | 1.6 | 26 | 1.8 | 8 |
| 喉頭 | 5.5 | 73 | – | – |
| 肺 | 4.8 | 69 | 3.9 | 20 |
| 子宮頸部 | | | 2.3 | 9 |
| 腎盂を除く腎臓 | 1.6 | 30 | 0.6 | −1 |
| 尿路(膀胱・腎盂・尿管) | 5.4 | 72 | 1.9 | 3 |
| 骨髄性白血病 | 1.5 | 35 | 1.0 | 0 |

(資料:Journal of Epidemiology, 18:251−264, 2008)

たばこを吸うとがんになりやすい?

# 24選 Statistics
# このままでは日本人が消えてしまう！

2014年5月に民間研究機関「日本創成会議」が消滅可能都市（若年女性（20歳〜39歳）が2040年までに2010年比で50％以上減少する市町村）を全国規模で公表して以来，各都道府県では人口の自然減・社会減対策が大きなテーマとなっていて，Iターン，Uターンをはじめさまざまな施策が論じられ，実践されています。人の集まるところには文化があり，ほどほどの人口数は社会の発展のためには必要です。

## 日本人口増加の歴史

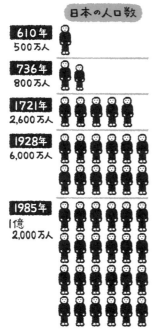

日本の人口数
- 610年 500万人
- 736年 800万人
- 1721年 2,600万人
- 1928年 6,000万人
- 1985年 1億2,000万人

日本最古の人口調査は，推古天皇の時代の610年に行われています。この時代に日本ではどんどん中国のことを取り入れていましたので，これも中国のことを真似たのであろうといわれています。

天智天皇（位668〜671）のときには，人民の強制登録簿制度が設けられました。702年に発布された有名な大宝令のなかにある農業法は，624年の中国の法律を真似たとされていますが，6年目ごとに行われる人口調査によって，その実施を調整するようになっている点が異なります。これは，畑で働くことのできる者を調べるのが目的であったためと考えられており，5歳以下の子どもたちは入っていないという，完全な人口調査とはいい

にくいものになっていました。

　戦後すぐに内務省地理局は，日本の人口数として，この時代の文献から610年の推古天皇のときは4,988,842人，736年の聖武天皇のときは8,000,000人であっただろうと推定していました。

　わが国で，人口が全国的規模で知られるようになったのは1721年のことで，そのときの人口は約2,607万人でした。当時の徳川8代将軍吉宗が諸大名に命じて所領内人口を報告させたことで調べられた数字とされています。この数字は公家，武士および武家に従属している者の数で，無籍者や非人など約500万人は含まれていなかったようです。

　鎌倉時代に757万人，室町時代に818万人だった人口は，国内が安定した江戸時代の後半は3,000万～3,300万人になりました。その後約150年間はこの人口数で推移していましたが，明治維新（1868年）からその後約半世紀で倍増して約6,000万人となりました。さらに半世紀と少々でその倍の1億2千万人台となりました。

## ● 減り始めた日本人

　いままでにふれてきたように，現在では数多くの種類の調査が行われています。そのうちもっとも大規模で重要なものが国勢調査です（10選参照）。この結果はその後の各種の施策の基礎となる重要なものです。2015年の国勢調査の速報値（2016年6月29日総務省発表）によると，最新の日本人の人口は1億2,711万人（推計を含む）となりました。数字だけみると多く感じるかもしれませんが，日本の人口は減り続けています。実はこの日本人口の減少は10年前の2005年国勢調査にその兆候が現れています。このとき，2005年10月1日現在のわが国の人口は1億2,776万人で，2004年10月1日時点での推計人口1億2,778万人を約2万人下回りました。平時における人口減少は統計開始以来初めてであり，少子高齢化の流れが今後当分続くことを考えると，わが国の総人

口数は減り続けていくと想定されます。このことから，日本の総人口は確実に歴史的な減少局面に入ったといえるでしょう。

## 人口数の内訳は健全なのか？

日本の総人口1億2,711万人は，国土の大きさを考えると多すぎるなどといった問題はなさそうですが，実は中味が問題です。65歳以上の人口を15歳未満の人口で割った老年化指数が，1983年に発表された43.4％に比べて大幅に上昇しており，いまや200％を超えています。いまの西洋諸国と比べても非常に老けた国になっています。

次の表の数字は，2015年10月1日現在の日本の人口比（推計値）です。子どもの人口（1,616万人）における男女の内訳は，男子が828万人，女子は788万人で，男子が40万人多いことがわかります。年代別人口の割合の推移をみると次の通りです。

| 年次 | 子どもの人口<br>(0歳～14歳) | 生産年齢人口<br>(15歳～64歳) | 老年人口<br>(65歳以上) |
|---|---|---|---|
| 1950 | 35.4% | 59.6% | 4.9% |
| 1970 | 24.0% | 68.9% | 7.1% |
| 1980 | 23.5% | 67.4% | 9.1% |
| 1985 | 21.5% | 68.2% | 10.3% |
| 1990 | 18.2% | 69.7% | 12.1% |
| 1995 | 16.1% | 69.5% | 14.4% |
| 1996 | 15.8% | 69.3% | 14.9% |
| 2005 | 13.8% | 66.1% | 20.2% |
| 2014 | 12.9% | 61.2% | 25.9% |
| 2015 | 12.7% | 60.6% | 26.7% |

終戦の年の1945年には36.8％だった総人口に占める子どもの比率は，少産化などの影響で1970年に24.0％と減少傾向をたどり，1977年以降は毎年，過去最低記録を更新し続けています。1996年に65歳以上の人

口割合と子どもの人口割合はほぼ同じ値になりましたが，その18年後には，子どもの人口の割合は65歳以上の人口の割合の半分以下となりました。超少子化・超高齢化の進行はゆゆしき事態といえそうです。

## 狭い日本というけれど…

日本の人口密度は，2014年データで$1\ km^2$あたり336人です。世界で狭小な国を除くと1位はバングラデシュの1,098人ですので，そんなに大きなことではないように思えるかもしれません。近年では日本の人口は減少傾向にあり，また途上国や新興国の人口増加により日本の人口密度を上回る国が増加しています。それでも，世界の平均人口密度は50人ですので，日本はその約7倍という過密状態にあります。人口が過密で高齢者が多いというのがいまの日本の特徴であるということですね。

### コラム — column 14　運命を左右するくじ引き

東南アジアの国タイでは毎年4月，戸籍上の男性でその年に21歳になる者すべてが対象のくじ引きが行われます。このくじに当たると，通常2年間の兵役に就くことになるそうです。このくじ引きは，ツボのなかに赤紙と黒紙が入っていて，赤紙なら軍隊へ，黒紙を引けば免除という単純なしくみとなっています。それぞれの紙の枚数は，その地域での若者の数や必要な新兵の数により決まるようです。どの国でも，くじ引きで物事を決めることは公平で公正だと認識されているのですね。

そうそう，日本の夏の風物詩でもある京都の祇園祭の山鉾の巡行順は，市議会議場でのくじ取りで決められています（一部，長刀鉾などの「くじとらず」もありますが）。

# 25選 Statistics
# 男性は女性より多く生まれるようにできている？

男女の産み分けは思うようにはいきません。女の子ばかり，男の子ばかり，など家庭によって子どもの性比はさまざまです。

## ● 男の子の方が生まれやすい

次の表を見てください。この表は1900年からの出生性比のデータ（人口動態統計）の一部です。「出生性比」とは $100 \times \dfrac{\text{年間男子出生数}}{\text{年間女子出生数}}$ で求められたものをいいます。

| 年次 | | 出生性比 | 出生率 | 年次 | | 出生性比 | 出生率 |
|---|---|---|---|---|---|---|---|
| 1900 | 明治 33 | 105.1 | 32.4 | 1965 | 昭和 40 | 105.3 | 18.6 |
| 05 | 38 | 102.7 | 31.2 | 66 | 41 | 107.6 | 13.7 |
| 06 | 39 | 108.7 | 29.6 | 68 | 43 | 107.1 | 18.6 |
| 07 | 40 | 102.7 | 34.0 | 69 | 44 | 107.2 | 18.5 |
| 1910 | 43 | 103.9 | 34.8 | 1970 | 45 | 107.1 | 18.8 |
| 15 | 大正 4 | 104.2 | 34.1 | 75 | 50 | 106.2 | 17.1 |
| 1920 | 9 | 104.5 | 36.2 | 1980 | 55 | 106.0 | 13.6 |
| 25 | 14 | 103.5 | 34.9 | 85 | 60 | 105.6 | 11.9 |
| 27 | 昭和 2 | 103.7 | 33.4 | 1990 | 平成 2 | 105.4 | 10.0 |
| 1930 | 5 | 105.3 | 32.4 | 95 | 7 | 105.2 | 9.6 |
| 35 | 10 | 105.2 | 31.6 | 2000 | 12 | 105.8 | 9.5 |
| 1940 | 15 | 105.1 | 29.4 | 05 | 17 | 105.3 | 8.4 |
| 45 | 20 | – | – | 10 | 22 | 105.8 | 8.5 |
| 1950 | 25 | 106.1 | 28.1 | 11 | 23 | 105.0 | 8.3 |
| 55 | 30 | 105.8 | 19.4 | 12 | 24 | 105.2 | 8.2 |
| 1960 | 35 | 105.6 | 17.2 | 2014 | 26 | 105.6 | 8.0 |

年によってもちろん若干の変動はありますが，経済や社会構造の大き

な変化にもかかわらず、出生性比はほぼ 104 〜 106 ぐらいで安定していることがわかると思います。1899 年からの統計データをみると、107.0 以上（とくに男性が多い）の年は 1906, 1966, 1968, 1969, 1970 年の 5 回しかなく、一方 103.9 以下（それほど男性が多くない）の年も 1905, 1907, 1910, 1925, 1927 年の 5 回しかありません。

　もしこの出生性比が 100 を大きく下回るような時代が続けば女性が世のなかに溢れ、大抵の男性はモテるかもしれませんね。逆に、100 を大きく上回って男性が溢れてしまえば、男性にとって真っ暗闇の世の中になるかもしれません（その場合、女性にとっては良い世の中になるかもしれませんね）。不思議なことに、医学の発達とともに男性の幼児死亡率は激減してはいますが、データ的にはそれほど男性が過剰になってきているという感じはしません。

## ● 丙午（ひのえうま）の女性は敬遠されがち？

　丙午の年は女の子（の出生届け）が少なかったようです。実際に数値でみてみると、1966 年は 107.6、1906 年は 108.7 となっており、ちょっと高すぎる値になっていますね（とくに男性が多い）。その 1906 年前後の年をみてみますと、1906 年とは反対に、1905 年、1907 年はともに 102.7 と値が低すぎるようにみえます（それほど男性が多くない）。試しにこの 3 年間の平均を出してみると 104.7 となり、104 〜 106 の安定した値となります。やはり、「丙午の年に生まれた女は夫を殺す」というあの迷信が根強く生きていたのかもしれませんね。次の丙午の年は 2026 年ですが、もうそのような変化はないと信じています。

# 26選 Statistics
# 日本の将来は大丈夫？

24選でもふれましたが，日本にとって最大の問題の1つは出生率の低下です。出生率の低下は人口構成の少子高齢化につながります。この大きな問題について，私たちはどう立ち向かえばよいのでしょうか。

## 加速する少子高齢化

20年前の時点で2020年ごろには65歳以上の高齢者の数は3,200万人に達すると予測されていました。しかし，総務省が2016年9月19日の敬老の日に合わせて発表した数字をみると，65歳以上の高齢者はなんと3,461万人で，すでにその予測を超えていました。また，総人口に占める高齢者の割合は27.3％と過去最高になっていました。実に国民3.7人に1人が高齢者という状況です。少子高齢化のスピードが早すぎます。国立社会保障・人口問題研究所の推計によると，第2次ベビーブーム（1971年～1974年生まれ）の世代が65歳以上になる2040年には，総人口の36.1％が高齢者になるようです。このような社会構造ではいろいろな課題が生じそうです。

では，これからの社会を支える働き盛りの20歳～60歳の人口はどうでしょうか。残念なことに，6,900万人しかいません。一見高齢者よりも多いので問題ないようにもみえますが，彼らは2,400万人の未成年を扶養し，教育するうえに高齢者の世話をしなければならないことになります。これは大変な負担です。こうした負担を軽くするには，出生率を高め，人口構成が逆ピラミッド型になるのを防ぐことが重要となります。現在の日本の出生率が続けば，60年たつごとに出生児の数は半分になるというすさまじいばかりの人口減になります。

## 出生率も死亡率も下がっている

人口の自然増は，生まれた人数から死亡した人数を引くことで求められ，人口の社会増は，国外から国内へ流れてきた人数から国内から国外へ流れていった人数を引くことで求められます。つまり，人口総数のその年の増加分は，自然増と社会増を加えたもので与えられます。日本の場合，社会増はあまり大きくはありませんので，自然増だけをみても問題なさそうです。では，自然増はどうなっているのでしょうか。

死亡率は，人口1,000人あたりの死亡数のことをいいます。日本では10月1日からの1年間で計算します。死亡率や出生率を表した次の表をみてみますと，1920年の約26人から，1990年の約7人まで，約4分の1にまで減っています。乳児死亡率の減少ほどではないですが，大きく改善しているといえるのではないでしょうか。2014年には人口1,000人あたり約10人とすこし増えてしまっているのが残念ですね。

一方，出生率は1920年の約36人から1990年の約10人まで，途中2回のベビーブームでの不規則な動向がありますが，継続して減り続けています。2014年には人口1,000人あたり約8人になっています。

明治から現代にかけての出生率など

| 年次 | 1873 | 1880 | 1890 | 1900 | 1910 | 1920 | 1930 | 1940 | 1947 |
|---|---|---|---|---|---|---|---|---|---|
| 出生率 | 23.1 | 24.1 | 28.7 | 32.4 | 34.8 | 36.2 | 32.4 | 29.4 | 34.3 |
| 合計特殊出生率 | − | − | − | − | − | − | 4.72 | 4.12 | 4.54 |
| 死亡率 | 18.9 | 16.5 | 20.6 | 20.8 | 21.6 | 25.4 | 18.2 | 16.5 | 14.6 |
| 乳児死亡率 | − | − | − | 155.0 | 161.2 | 165.7 | 124.1 | 90.0 | 76.7 |

| 年次 | 1950 | 1960 | 1970 | 1973 | 1980 | 1990 | 2000 | 2014 | 2015 |
|---|---|---|---|---|---|---|---|---|---|
| 出生率 | 28.1 | 17.2 | 18.8 | 19.4 | 13.6 | 10.0 | 9.5 | 8.0 | 8.0 |
| 合計特殊出生率 | 3.65 | 2.00 | 2.13 | 2.14 | 1.75 | 1.54 | 1.36 | 1.42 | 1.45 |
| 死亡率 | 10.9 | 7.6 | 6.9 | 6.6 | 6.2 | 6.7 | 7.7 | 10.1 | 10.3 |
| 乳児死亡率 | 60.1 | 30.7 | 13.1 | 11.3 | 7.5 | 4.6 | 3.2 | 2.1 | 2.0 |

(資料) 出生率, 死亡率は, 1873 年から 1890 年までは内閣統計局『帝国統計年鑑』, 1900 年以後は厚生労働省『人口動態統計』, 合計特殊出生率は国立社会保障・人口問題研究所『人口問題研究』, 乳児死亡率は『人口動態統計』による。出生率, 死亡率は人口 1,000 人対, 乳児死亡率は出生 1,000 人対で, 年間の乳児死亡率は 1,000 ×（年間の乳児死亡数）／（年間の出生数）です。

死亡率が出生率を超えてしまっている現在の傾向が続けば, 日本の人口は減少し続けることになってしまうのではないでしょうか。

## ● 合計特殊出生率が改善したとはいうけれど…

戦前の日本は, どちらかというと「多産多死型」でしたが, 戦後は次第に「少産少死型」に移り, 現在の超高齢化の先には, 多死社会がまっているでしょう。とくに近年の少産傾向は, これを心配する声がよく聞かれるほどになってきています。2015 年 10 月発足の第 3 次安倍改造内閣の施策も 2020 年代後半に合計特殊出生率（1 人の女性が生涯に産む子どもの平均数を示したもの。その年の 15 歳〜49 歳の女性が生んだ子どもの数をもとに計算される）を 1.8 に回復させる目標を掲げていますが, いまの社会状況では難しいでしょう。2005 年の 1.26 が底で, この 10 年間毎年その率は上がり, 2015 年は 1.45 にまで回復してはいますが, 目標としている 1.8 にはまだまだ遠いのが現状です。そもそも子どもは人に産めといわれて産めるような機械的なものではないことを改めて認識してほしいものです。

なお, 2060 年に日本の人口 1 億人を維持するためには, 合計特殊出生率を 1.8 よりもさらに大きい 2.07 に引き上げる必要があります。しかし, 合計特殊出生率は, 1975 年に 2.00 を割り込んでから長い低下傾向が続いていますので, 難しそうです。

## 最期は畳の上で？

在宅死の割合は1950年前後まで80%を超えていましたが，徐々に低下しています。最新のデータでは，70歳以上のお年寄りの78%が病院で亡くなり，自宅で亡くなる人は12%，老人ホームや診療所で亡くなる人が6%ぐらいといわれています。最期だけはせめて自宅で，と願う高齢者は少なくないですが，在宅介護・医療の立遅れから，思いがかなわないケースが増え続けています。畳の上での最期も難しい時代です。2014年の人口動態統計データを全国平均でみると，亡くなる場所は自宅が12.8%，病院が75.2%，残りの12%が老人ホームなどで，病院で亡くなる人が圧倒的に多いことがわかります。

### コラム column 15 標本調査の歴史

無作為抽出による標本調査を大規模に実施して，その効果を実証してみせたのは，1940年代前半にインドの数理統計学者のプラサンタ・チャンドラ・マハラノビス (1893〜1972) がベンガル地方の作付調査に用いたのが最初のようです。ついでアメリカでは，第二次世界大戦中に人口の急増した9都市の人口調査にこれを用いて大成功を収めました。これらの成功に促されて，戦後各種の統計調査に標本調査が使われるようになりました。日本もこの動きに遅れをとることなく，良い統計調査体系が確立されたという歴史をもっています。

# 27選 Statistics
# 人間の寿命は天井知らず？

　電化製品の寿命は，部品の保存期間という意味で，一般には5年とも10年ともいわれていますが，さて人間の寿命はどうでしょうか。

## ● 誤解しがちな平均寿命の意味

　平均寿命は，各年における0歳児の平均余命ですが，誤解の多い言葉です。たとえば，2014年の男性の平均寿命は80.50歳なので，「2014年時点で亡くなった男性の平均年齢が80.50歳である」や「2014年時点で80歳の男性は普通ならばこの1年間に亡くなるだろう」という考えをもってしまいがちですが，実はそうではありません。では，平均寿命とは何でしょうか？

　実は，2014年に生まれた男性は，社会情勢などの大きな変化がない限り，平均的に80.50歳まで生きられることを意味しているだけです。

## ● 平均寿命とは？

　簡易生命表（厚生労働省発表）は，昨年1年間の死亡状況が今後変化しないと仮定した場合，毎年その年の死亡状況をもとに年齢別にあと平均何年生きられるかの平均余命を計算したものです。毎年の人口動態統計にもとづいて計算されます。このうち0歳の平均余命を一般に「平均寿命」とよんでいます。次のページに戦後の平均寿命の年次推移（単位は歳）の一部を示します（1970年以前は，沖縄県を除く値）。

　平均寿命の80歳超えは，女性は1984年に達成されていますが，男性は2013年が初めてでした。最近では，日本人の平均寿命は，男女とも主要7か国（G7）のなかではもっとも高いようです。この背景には，医療技術の進歩や健康意識の高まりが背景にあるようです。がん，心疾

患，脳血管疾患の3大疾患で死亡する割合はすこし減って，男性が51.60%で女性が46.92%となっています。

| 年次 | 男 | 女 | 男女差 |
|---|---|---|---|
| 1947 | 50.06 | 53.96 | 3.90 |
| 50 | 59.57 | 62.97 | 3.40 |
| 55 | 63.60 | 67.75 | 4.15 |
| 60 | 65.32 | 70.19 | 4.87 |
| 65 | 67.74 | 72.92 | 5.18 |
| 70 | 69.31 | 74.66 | 5.35 |
| 75 | 71.73 | 76.89 | 5.16 |
| 80 | 73.35 | 78.76 | 5.41 |
| 85 | 74.78 | 80.48 | 5.70 |
| 90 | 75.92 | 81.90 | 5.98 |
| 95 | 76.38 | 82.85 | 6.47 | 阪神・淡路大震災
| 2000 | 77.72 | 84.60 | 6.88 |
| 05 | 78.56 | 85.52 | 6.96 |
| 10 | 79.55 | 86.30 | 6.75 | 猛暑による熱中症？
| 11 | 79.44 | 85.90 | 6.46 | 東日本大地震・震災
| 12 | 79.94 | 86.41 | 6.47 |
| 13 | 80.21 | 86.61 | 6.40 |
| 14 | 80.50 | 86.83 | 6.33 |
| 2015 | 80.75 | 86.99 | 6.24 |

人間の寿命は天井知らず？

## 平均寿命はいつまで延びる？

0歳の平均余命すなわち平均寿命が50歳を超えたのは，わが国においては第2次大戦後（1947年に50.06歳）のことであり，欧米でも20世紀へ入ってからといわれています。人間の寿命はどこまで延びるのでしょうか？

ちなみに65歳の平均余命の推移は以下のようになっています。

| 年次 | 男 | 女 |
| --- | --- | --- |
| 1965 | 11.88年 | 14.56年 |
| 1970 | 12.50年 | 15.34年 |
| 1975 | 13.72年 | 16.56年 |
| 1980 | 14.56年 | 17.68年 |
| 1985 | 15.52年 | 18.94年 |
| 1990 | 16.22年 | 20.03年 |
| 2013 | 19.08年 | 23.97年 |

65歳の平均余命は，1990年と2013年を比較すると，男性で2.86歳，女性で3.94歳延びています。平均余命が延びることは，それだけ健康で働ける人が増えている証拠ともいえます。一方で，年金受給者の平均受給期間が延びることになり，年金財政に影響を及ぼすことにもなります。単純にいえば，平均余命が1年延びると，給付費が1年分多くなるので，その分財源に不足が生じる可能性があります。

## 同じ「生きる」にも

0歳の平均余命が平均寿命といいましたが，介護を受けながら寿命を全うするのと，死の間際まで健康に過ごして人生を全うするのと，みなさんはどちらがよいですか。日常生活をハンデなく送れる期間のことを「健康寿命」といいます。いま高齢者対策として，平均寿命と健康寿命の差を限りなく小さくする施策が各地でなされ，その結果お元気な高齢者が増えてきています。高齢者の医療費の問題や介護施設の充実の問題などもありますが，安心して暮らせる社会であってほしいものです。

世界各国・地域の平均寿命をみると，男女合わせて80歳台の国は20か国にのぼりますが，世界では，残念ながらまだ50歳以下の国が10数か国存在します。それらの国々にはなんらかの支援策が必要ではないでしょうか。

## コラム—column 16 高齢化スピードは世界のトップクラス

2016年9月の総務省のデータによると，年齢別では，70歳以上は2,437万人（総人口の19.2％），75歳以上は1,697万人（総人口の13.4％）となっています。80歳以上にいたっては1,045万人（総人口の8.2％）と前年から1千万人を超えています。働く高齢者数も2015年度労働力調査では730万人と増加し続けています。頂ける年金額も十分ではありませんので高齢者も大変な時代です。

国連の統計などでは，高齢者比率が7％を超えると「老化が始まっている国」とされています。日本では，1970年に7％を超えてから44年間で3.8倍になった計算になります。すごい高齢化スピードですね。この比率が2倍の14％になるのに要した年数が高齢化のスピードを表す1つの指標として用いられています。25年前の1990年の段階で14％台を超えていたのは次の諸国です。

スウェーデン（17.8％），イギリス（15.7％），オーストリア（15.1％），スイス（15.1％），ベルギー（14.9％），ドイツ（14.9％），イタリア（14.1％）。

これらの国で高齢者比率が7％から14％になるまでに要した年数は，日本の24年と比べて，スウェーデン85年，イタリア60年，イギリス50年，ドイツ45年などで，比較的高齢化の速度が速かったオーストリアでも35年かかっています。日本の高齢化スピードがいかに速いかおわかりだと思います。

# 28選 Statistics
# 日本は東へかたむいている？

　国勢調査の結果にもとづいて総務省統計局が人口重心の場所を発表しています。人口重心とは，1人1人が同じ重さをもつと仮定して，日本全体として平衡を保つことのできるバランス・ポイントです。現在の日本の人口重心は岐阜県関市にあります。

## ● 人口重心は日本の中心？

　2000年までの人口重心の算出方法は，市区町村内のすべての人が市区町村役場にいるものと仮定して計算されていました。忙しい人も暇な人も，いっせいに各人の居住地区の市町村役場に集合してもらい，すべての人の体重が等しいものと仮定して出していたことになります。2005年以降は，市町村合併の進展を踏まえ，より精緻に算出する観点から，基本単位区画の中心の所にその基本単位区画内の人口が集まっているものと仮定した方法により計算されています。

　日本の人口重心の動きを長期的にみると，首都圏（東京・神奈川・埼玉・千葉の1都3県）の人口増加率が続いてきたことなどにより，1950年から一様におおむね東南東方向へ移動しています。ちなみに，国勢調査の行われる5年ごとの人口重心の移動距離は，1965年〜1970年に東へ8.3 km移動したのを最長に，1950年〜1970年までは7 kmを超えていましたが，オイルショックをはさんだ1970年〜1975年では3.3 km，1975年〜1980年では1.5 km，1980年〜1985年では1.8 km，1985年〜1990年では3.1 kmと，その後は約1 km〜3 kmの移動となっています。それ以降の人口重心の具体的な場所は次のようになっています。

- 1995年国勢調査では，岐阜県郡上郡美並村（現郡上市）。
- 2000年国勢調査では，岐阜県武儀郡武儀町（現関市）の北西部。

1995 年から 1.4 km 東南東に移動。
- 2005 年国勢調査では，岐阜県関市北部。2000 年から 2.1 km 東南東に移動。
- 2010 年国勢調査では，岐阜県関市。2005 年から 2.4 km 南東に移動。

2000 年以降は，現在の関市となっています。

日本国の国土の重心は新潟県西部の糸魚川市の沖合の日本海上にありますので，人口重心は，国土重心よりもすこし南南西に偏っていることがわかります。

2015 年 1 年間についても，総務省統計局が住民基本台帳にもとづく人口移動報告を公表しています。都道府県別の転入・転出超過数などのデータから東京圏（東京・神奈川・埼玉・千葉）への人口集中がさらに進み，それに伴って人口重心もさらに東進しています。いずれ岐阜県を突破する日が来るかもしれませんね。

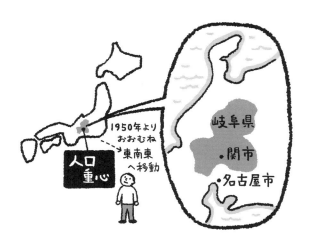

# 29選 Statistics
# 賭け事に必勝法はあるのか？

統計と確率は友だちの関係にあります。なぜなら，主に不確定的なことに対する統計的な判断に際して，確率を用いることで客観的な視点を与えられるためです。確率が，統計的な考え方に対してその裏づけをするという形になるのでしょうか。

この選からは統計と確率にまつわる話をしていきます。

## ● 確率にまつわる歴史

みなさんも普段使われているのでなじみ深いと思いますが，ものごとの起こりやすさ（可能性）の程度を示す数値を確率という言葉で表しています。確率には，次のような歴史もあります。

- 新約聖書には，イエスが十字架にはりつけられる前にイエスの服を兵士がくじ引きで分けた（マタイによる福音書 27 章）記述があります。
- 14 世紀〜 16 世紀のルネサンス期の賭博師が「儲けたい儲けたい儲けたい…」と願い続けたところから必勝法として発達したのが確率論につながったといわれています。
- 博打の数学として 1654 年 7 月から 10 月にかけてフランスの数学者ブレーズ・パスカル（1623 〜 1662）とピエール・ド・フェルマー（1607 〜 1665）が議論した賭博の賭け金の配分問題が確率論の発祥になったとみるむきもあります。以後 17 世紀後半から 18 世紀にかけていろいろな人によって現在の確率論へと発展してきています。そうした発展のなかで，確率の定義が考えられてきました（44 選参照）。

## どちらに賭けると有利なの？

17世紀のフランスの有名な賭博師であったメレという人が、パスカルに次のような賭けの問題を持ち込んでいます。

「1つのサイコロを4回投げて少なくとも1回6の目が出る確率と、2つのサイコロを24回投げて、少なくとも1回、両方とも6の目が出る確率は等しいでしょうか」

実際に考えてみましょう。4回投げたとき6が出る確率（前者）と24回投げたとき6が2つ同時に出る確率（後者）なので、それぞれ次のように計算できます。

$$4回 \times \frac{1}{6} = \frac{2}{3}, \qquad 24回 \times \frac{1}{6} \times \frac{1}{6} = \frac{2}{3}$$

両者同じになりました。みなさんはどのように考えますか。

実はこれ、間違いです。この間違いは、「少なくとも」の意味を忘れたために起こりました。正しくは、前者の場合、1回も6の目が出ない確率を全体から除くと考えて次のようになります。

$$1 \quad - \quad \left(\frac{5}{6} \times \frac{5}{6} \times \frac{5}{6} \times \frac{5}{6}\right) \quad = \quad 0.5177\cdots$$
全体　　6以外の目が4回続いて出る確率

後者の場合も同じように、1回も6のゾロ目が出ない確率を全体から除くと考えるので次のような計算になります。

$$1 \quad - \quad \left(\frac{35}{36} \times \frac{35}{36} \times \cdots \times \frac{35}{36}\right) \quad = \quad 0.4914\cdots$$
全体　　6のゾロ目が24回出ない確率

数字から後者に賭ければ不利となることがわかりますね。たとえば1,000回この賭けをくり返すと、前者に賭けたら平均的に勝ちが518回、負けが482回となり、36回勝ち越せることとなりますが、後者に賭けたら逆に18回負け越すことになります。確率の計算の仕方を知らなかったら、後者に賭けて損をしてしまった人もいたかもしれませんね。

# 30選 Statistics
# 公営ギャンブルは取られ損！

　断言できますが，この世に存在するギャンブルの類で，賭ける人が有利になる賭け事はまず存在しません。競馬などの公営ギャンブルの売上総額は，公式記録だけでも数兆円になっていますが，その多くは主催者が得ていることになります。

## ● ギャンブルは主催者が儲かるためのもの

　競馬などの公営ギャンブルにはそれぞれの法律があり，払戻率はすべて「百分の七十五」（すなわち搾取率は25％）と決まっていますが，実際には70％〜74％の間の払戻率のようです。たとえば，有名な競馬レースともなると1回の売り上げは100億円にもなるようで，4分の1でも25億円という大金が中央競馬会側へころがりこむことになります。

　払戻率が75％ではなく70％〜74％になってしまっているからくりは，「券面金額10円とし，払い戻す場合の1円未満は切り捨て」と規定されていて，切り捨てられたお金は主催者に入っているために起こります。馬券や舟券は100円単位でしか買えないので，10円未満は切り捨てになります。このことが，主催者による取り過ぎを膨大なものにしています。海外の競馬では，払戻率が85％（オーストラリア），83.6％（アイ

ルランド）という国もあります。日本よりは良心的ですね。

　払戻は，馬券の売り上げの約75％を的中した馬券の販売数（投票数）で割って払い戻されます。たとえば100億円の売り上げがあれば，その75％の約75億円が払い戻されることになります。的中馬券の投票数が100万枚であれば，1枚あたりの賞金は，75億円÷100万枚＝7,500円となります。100円の馬券が7,500円になるので，この倍率75をオッズといっています。よくきかれる万馬券というのは，100円の馬券が1万円になる，倍率100を超えるもののことをいいます。

　そのほかに，勝った馬や騎乗した騎手にも賞金が支払われます。日本ダービーなどの重賞レースの1着賞金は1億円以上のようで，その8割は馬主が取るといわれています。

## ● 公営ギャンブルの近未来はどうなる？

　競馬などに加えて，IR整備推進法案（いわゆるカジノ解禁法）が国会を通過したことにより，日本でもカジノ施設容認への動きが出てきています。さらに公営ギャンブルが増えることはいかがなものでしょうか。これらギャンブルは依存症など人間の弱さへの影響が問題視されており，なかには病院で治療が必要になってしまった人もいます。こういった人たちのように，ギャンブル狂になってしまい，偶然だけを頼りに生きていくことは無意味といえますが，偶然をまったく考慮に入れない生活態度というのもなおさら馬鹿げています。偶然は，活かして使うべきものです。人が偶然との対決を迫られた場合には，ある種の勘に頼るよりは，正しい確率的な考え方を取り入れて判断を下す方がはるかに合理的といえます。

## 31選 Statistics

# くじ引きは早いもの勝ち？

くじ引きで引いたくじは元に戻さない場合，先に引いたほうが当たりやすい，と信じている人も多いようですが，本当にそうなのでしょうか。

## ◉ いつくじを引けば得なのか？

先に当たりを引かれてしまえば，後の人はたしかに当たりにくくなります。一方で，先に外れを引いてくれれば，当たりやすくなります。このことを頭において改めて考えてみたら，さきほどまでと同じ結論でいられるでしょうか。実は，当たる確率は引く順番に関係なく皆等しいことがわかっています。でも実際のくじでは当たる人もいれば当たらない人もいます。偶然は無情ですね。偶然と必然を区別して適切に認識することは，人間の行動戦略にとって大切なことです。

## ◉ 5本のくじで考えると…

5本のなかに「当たり」が2本入っているくじがあります。最初に引くのと後から引くのとでは，当たりやすさはどうなるでしょうか。当たり外れの可能性を考えると，下のように10通りの結果のパターンがあります。

| 引く順番 | 結果(1) | (2) | (3) | (4) | (5) | (6) | (7) | (8) | (9) | (10) | |
|---|---|---|---|---|---|---|---|---|---|---|---|
| 1 | ○ | ○ | ○ | ○ | ○ | ○ | ● | ● | ● | ● | ○ 外れ |
| 2 | ○ | ○ | ○ | ● | ● | ● | ○ | ○ | ○ | ● | ● 当たり |
| 3 | ○ | ● | ● | ○ | ○ | ● | ○ | ○ | ● | ○ | |
| 4 | ● | ○ | ● | ○ | ● | ○ | ○ | ● | ○ | ○ | |
| 5 | ● | ● | ○ | ● | ○ | ○ | ● | ○ | ○ | ○ | |

この図から，何番目に引いても当たる可能性は等しい（10回中4回当

たる：$\frac{4}{10} = \frac{2}{5} = 40\%$）ことがわかります。つまり，確率のうえでは，あわててくじを引かなくてもよいということなのですが，そういわれても何か変な気がしますね。

　たとえば，ケース(10)の場合では3，4，5番目の人は順番が後だったため100％当たらないことになります。もし彼らが「皆平等である」といったのに当たらなかったと不満をいったら，どう説明したらよいのでしょうか。ただ運が悪かったといっただけでは納得してもらえないですよね。44選でふれる確率の意味を読んだあと，もう一度考えてみてください。みなさんならどのように説明されますか。

## コラム column 17　まさかのくじ引きでの将軍決定

室町幕府は，足利尊氏が1336年京都に開き，1573年に織田信長により15代将軍義昭が追放されて滅亡しました。その6代将軍足利義教にはユニークな逸話が残っています。それは1428年旧暦1月17日のことといわれています。

　室町4代将軍足利義持は（急死した息子の5代将軍義量の）後継者を自分で決めず，室町幕府を実質支えていた守護大名たちの寄合での談合に委ねました。困った彼らは，さんざん悩んだ末，候補4名の名前を書いた紙4つを厳封し，それを八幡宮に運び，深夜，神前で抽選したそうです。つまり，選ばれた足利義教将軍はくじ引きで人選された将軍だったのです。以後彼はくじ引き将軍とよばれたらしいですが，あまりにも不名誉なことですね。これらの経緯は今谷明 著『籤引き将軍足利義教』に詳しいので，そちらに譲ることにします。

　現在の選挙制度でも獲得票数が同数の最下位当選者決定では，当選者をくじ引きで決めています。いまでも，くじ引きは公平で公正な行為として認知されているのですね（コラム14参照）。

# 32選 Statistics
# 宝くじを買うときの注意点！

　みなさんは宝くじを購入しますか。筆者は買いません。それはこんな悲しい宝くじに当たった人の後日談を知っているためです。

　古い話ですが，ある国立大学の事務職員がいました。彼は，ある年，当時宝くじで1等当選1千万円に当たりました。しかし，これが彼の破滅の始まりでした。それ以来，彼はヤル気をなくし，アルコール依存症となり，ただただ宝くじの再当選を夢見て一度に何百枚もくじを買い，買っては外れということを続けているうちに，入院と休職，そして退院と復職を何度もくり返し，とうとう廃人同様になってしまったとのことです。やり切れませんね。

## ● 宝くじって違法なの？

　「賭博」，「富みくじ」が刑法上の犯罪であることは，刑法185条から187条によっても周知のことですが，宝くじは特別法によって公営のものとして許されています。

　宝くじの販売金額は，だいたい当選金46.5％，収益金40.3％，印刷経費など11.9％，社会貢献広報費1.3％で振り分けられています。前後賞を合わせて数億円という年末ジャンボ宝くじが毎年発売されますね。庶民に夢を売るという美名のもと行われている宝くじですが，売り上げに対する賞金還元率は46.5％となっています。30選で，競馬などの払戻率が75％であることについてひどいと書きましたが，それよりもさらに率が低いことがわかると思います。悪徳商法の見本のようなものですね。

　1等の当たる確率は約300万分の1で，不謹慎ですが交通事故死の確率（36選参照）の100分の1となっています。夢をつかむ確率は限り

なく 0 に近い数字といってよいと思います。

## 冷静に宝くじを考えよう

たしかに宝くじの 1 等賞金は，当たれば家が建つといった夢をかなえてくれそうです。ところがこの 1 等賞の比率は約 300 万枚中に 1 枚程度のものです。30 枚買って 1 等を射止めるチャンスが 10 万分の 1 で，0.001％（0.00001）と 0 に限りなく近いほどの小さい確率です。多くの人は，10 枚程度の購入でやめておくでしょうから，1 等に当たることを祈願こそすれ，まさか当たるとは思っていないのではないでしょうか。この 30 枚買った行為は，確率でいうと，おおよそ $\frac{1}{100,000} \sim 0$ ですが，自分は $\frac{1}{100,000} > 0$ と思い込みたいのかもしれませんね。まさに淡い期待をもっての思い込み料です。

まとめますと，次のように解釈するのが適切で現実的な感覚なのかもしれませんね。

$$\text{タカラくじ} \begin{cases} \neq & \text{宝くじ} \\ = & \text{多空くじ（多くの空くじ）} \\ = & \text{多仮楽くじ（多くの人が仮の楽しみのための夢見代）} \end{cases}$$

でも購入しないと当たらないというのも事実です。一般に「賭ける」という場合，当人に都合のいい場合と不都合な場合というように，結果が 2 通り以上に枝分かれするのが常です。こういったギャンブルは，まずは，不運な場合の可能性をしっかりと見積もっておくことが賢明だと思います。そのうえで，外れることを前提として，その空気を楽しむつもりで買うことが，あまり深入りしなくてすむ秘訣かもしれませんね。幸運の女神もみんなに公平に対応してくれません。

## 🔵 宝くじが当たりやすい売場はどこか？

　宝くじを買うとき，売場や番号にこだわって買う人がいますが，当たりくじ番号を決定する方法の原理を考えれば意味のないことがわかると思います。すべて公平に「当たりにくい」のが宝くじの本質です。当たった人はこんなことをしたので当たったとかいういろいろなエピソードが報道されていますが，それらはたまたまの偶然といってよさそうです。

## 🔵 続いた驚異の偶然？

　とはいっても，何の根拠もなく売場や番号にこだわる人がこんなに多くなるとは考えにくいと思います。ここでは本当にあったウソのような驚異の偶然の話をしたいと思います。

　前後賞合わせて1億2千万円が当たるドリームジャンボ第328回全国自治宝くじでは，福島県いわき市の大黒屋デパート宝くじボックスから1等が3本も出ました。この売場では他に，2等が1本，3等が3本，4等が27本，200万円が当たる「ときめきドリーム賞」が50本も出る大当たりでした。これはきわめて珍しい現象です。東京，大阪などはともかく，地方都市で起こることはなかなかありません。このボックスでは，1979年の年末ジャンボで1等2本が出たのを皮切りに，1984年を除いて1993年まで毎年1等の当たりくじが出ていました。1990年の年末ジャ

ンボでも1等が3本出ました。本当に偶然て続くことがありますね。

また，当選番号でも面白いことがありました。1988年8月大阪市で行われた宝くじ抽選会で，09組111111という番号の1等賞が現れました。宝くじ発売以来の珍番号らしいです。こういうことがあると，売場を選んだり，番号を決めたりしたくなってしまいますね。

## こんなにすごい海外の宝くじ

アメリカの例を述べますと，1989年4月，アメリカ・イリノイ州の宝くじで，日本円で90億円相当の大当たりが出ました。確率は2,800万分の1であると券の裏に書いてあったそうです。そのアメリカで2016年1月13日，宝くじ「パワーボール」で約15億ドル（約1,769億円）の大当たりが3人の当選者に出ました（3人で山分けでしたが，それでも1人5億ドル（約590億円）です）。すごい大金ですね。パワーボールは1～69の数字5つと1～26の数字1つを選ぶ仕組みで行われるくじです。普通はあり得ない当選金額ですね。まさに偶然です。

## 宝くじとは

宝くじは，1945年10月に誕生して以来今日まで，夢，ときめき，喜び，そして外れたときの失望を私たちに71年間届け続けています。宝くじの発売元は，宝くじの法律「当せん金付証票法」（1948年施行）に定められた全国都道府県と20指定都市という地方自治体でつくる宝くじ事務協議会が担っています。実際は，みずほ銀行がその協議会から販売事務を受託し運営しています。スーパーや駅売店，たばこ店などの業者も販売し，みずほ銀行の本支店を含めて売り場は全国約1万か所あります。最近の大震災の復興のために，収益金を被災団体におさめる復興宝くじも発売されました。この特別な場合を除き，宝くじでは一体だれが得しているのでしょうか。

# 33選 Statistics
## あす雨がふるのかな？

　このごろテレビでは天気予報を「気象情報」と表現していることがあります。データは提供するが判断はあなたがしなさいということなのでしょうか。たとえば，降水確率が 40％以上なら「傘を持参しなさい」といった方が，はるかに素人にはわかりやすいと思いますが，視聴者に選択させた方が都合がよいのかもしれませんね。

### ● 雨は嫌われもの？

　長い目でみると，雨は降っても高々 1 時間程度の場合が多いようです。にわか雨にあったときなど，だいたい 30 分間も雨宿りしていれば，雨足は弱まります。雨が降ったら降ったで，足を止めてみたり，まわりを見回してみたりと，いつもと違う光景を楽しむのもよいのかもしれませんね。

　人間の行動も興味深いものです。たとえば，あなたが外出先で急に雨に降られたとします。すぐ止むだろうと雨宿りをしていますが，なかなか止みそうにない。軒下から空を眺めると雲がどんどん昇っていきます。このぶんでは，いくら待っていてもだめそうです。雨宿りをしていたあなたは，意を決して軒下を飛び出しました。「こんなことなら，雨宿りなどせずに小降りのうちに先を急いだ方がよかった」と思っているかもしれませんね。反対に，雨宿りなどせずにすぐ止むだろうと歩き続けたとしましょう。その場合も，やっぱりなかなか止まないので，ずぶぬれになってしまったでしょう。「なぜ雨宿りしなかったの」と悔やみますし，前者の場合は，「どうして雨宿りなんかしたの」と判断を見直します。不確定的な現象をどのように予測するかで実際の行動が変わります。

## 🔴 天気予報は外ればかり？

　天気予報なるものに対しての多くの人の反応パターンは，大きく分けて次の4つになるのではないでしょうか。

　天気予報が，1日中晴れのとき
　① 実際によく晴れた場合，天気予報のことは忘れている
　② 雨が降った場合は，天気予報は当たらないと怒る
　天気予報が，曇り後雨のとき
　③ 曇から晴れた場合，傘を持って出かけて損したと思う
　④ 本当に雨が降った場合は，今日の予報は当たったなあと思う

　一般に，人は不確定的な現象の予測に，100％に近い的中率を求めすぎる傾向があります。さらに困ることは，当たったときよりは外れたときの記憶の方が印象に残りやすいことです。このことが，実際の的中率よりもさらに過少評価されるケースが多いことにつながっています。当たり外れの出ることが不確定的な現象の特徴なのですから，長い目で広い目でみて，その結果を評価する姿勢をもちたいものです。

## 🔴 おばあちゃんの知恵袋はあなどれない

　実際，長期間にわたってならしてみると，天気予報はずいぶんと当たっています（過去5年間の平均で，東京地方では約86％当たっています）。しかし，複雑な地形の日本では，天気予報において，局地的な的中率まで高めることは難しいものです。かえって長い間に得た体験の積み重ねである昔からのいい伝えの方が，局地的には正しいかもしれません。たとえば，「雲がのぼれば雨が降る」「月がカサをかぶれば近いうちに雨」「あの山に雲がかかると雨」「夕焼けは晴れ，朝焼けは雨」「ツバメが低く飛べば雨が近い」など，それ聞いたことがあると思われるものもあるかもしれません。たとえば，ツバメの話は日本の農村で広く信じられていたものですが，科学的に説明もされています。これは，低気圧が

あす雨がふるのかな？

近づいて気温や湿度が高くなると虫たちが動きだすので、ツバメは、そんな餌を食べるために低く飛ぶそうです。なるほどです。

ある程度の間違いの可能性を許容しない限り、不確定的な現象の予測は不可能になります。ただし、あまり間違いばかりでもそれは困りものです。そこで、間違い（誤差）の程度をどのくらい少なくできるかを考える際に、統計的手法が活用されます。統計では間違いを絶対に犯さないという態度はとらず、間違いはあるものだとして考えていきます。

## 降水確率とは

降水確率とは一定期間にある地域で1ミリ以上の雨が降る確率のことで、10％刻みの値で発表されるものです。降水確率予報は6時間単位で出されています。1ミリ以上の雨とは、6時間の間に1 m$^2$あたり1リットル以上の雨が降ることです。たしかに、100 cm×100 cm×0.1 cm＝1,000 cm$^3$＝1リットルとなります。

天気予報は、気象状況を予測し、過去のデータに照らして似たような状況ではどのくらいの割合で雨が降ったかを計算し、予報官の経験も加えて予報します。1994年夏に初めての気象予報士の試験が実施され、1995年から民間の天気予報が始まり、きめの細かいサービスが供給されるようになってから、もう21年が経過しています。

よく耳にするアメダスとは、全国約1,300か所のロボット気象計から、降水量、気温、風などに関するデータを集めるシステムのことです。最近の天気予報では、各地の過去のデータを雨が降ったときとそうでない

ときに分けて整理し，雨を降らす要因から降水確率を逆算する式がつくられていますので，この式にアメダスから送られてくるデータを入れて，降水確率を算出しています。

## コラム column 18 日常生活と偶然

車で出かけたら信号のたびに赤ばっかり，文句のひとつもいいたくなります。逆に帰りは空いていたので調子にのってしまってスピードを出しすぎ，交通取締りにひっかかる。なんで自分だけ，と文句もいいたくなります。間が悪いことの重なることもあるのが人生です。世の中には，起こりそうなことが起こらなかったり，起こりにくいことが起こったりすることも，ときたまあります。近道を選んだはずなのに，かえって時間がかかることもあります。とにかく近未来の明日のことでも本当にわかりません。しかし，明日のことがわからなくとも，明日が今日より悪くなると決まったわけではありません。今日より良くなることだってあります。これら全部が，広い意味での偶然です。

これらの偶然とうまく付き合っていくには，私たちはどうしたらよいのでしょうか。

昔（1875年から1894年までの20年間），プロシアの軍隊で，馬に蹴られて死んだ兵士の数により，連隊を分類整理してみたら，ポアソン分布（39選参照）というモデルとよく合致したといいます。珍事も多数回の観測を行ってみると，法則性が発見できたのです。このように，偶然と思われていた事がらをある程度予測を立てることに成功した例もあります。一方で，昔からのいい伝えで，大勢の人が信じていることが，実際にデータを取って調べてみると，案外そうでなかったということも少なくありません。

一般に，うわさやいい伝え，慣習といったものは大事にする必要はあるのかもしれませんが，そういった意見だけで判断してはいけません。「データを取ってよく調べてからものをいえ」という姿勢が大切です。

# 34選 Statistics
# サイコロにまつわるエトセトラ！

　みなさんが小学校・中学校・高校時代に学んだ算数・数学の教科書に載っている確率や統計の説明のなかに，サイコロ投げの話題がなぜ登場するのでしょうか。確率論の起源が，サイコロを用いた賭博に関する論議に端を発したから，といった解説もみられます。しかし私は次の説明がもっとも合理的であると思っています。

## ● サイコロは実社会の縮図？

　サイコロは固いものでできています。だから，何回でも実験をくり返すことができて，しかも条件が変化しません。この「同じ条件で何度でも実験できる」という性質がほしいから（3選参照），サイコロ投げの実験例が用いられるのではないでしょうか。

　ところで，実際の現象のなかで，サイコロ投げでたとえられるような再現性のあるものがどれくらいあるのでしょうか？

　みなさん何か思いつきましたか。普通，実際の現象にピタリ合致するような理論は，まずありえません。だから，多少の「ずれ」は許容して考えることが必要となります。たとえば，当たりが1つだけある6つのなかから1つを選ぶくじ引き，ジャンケンで勝つ確率，相撲で優勝者を当てることなんかもよいかもしれませんね。これらの例でも必ずしも理論と実際の現象は合致しないかもしれません。しかし，これらの現象を考えるうえでもっとも大切なことは，サイコロ投げの実験結果そのものではなく，そこから偶然事象のなかにみられる変化や法則性を探ることであるということを頭に入れておいてください。

## サイコロとランダムの関係

さきほど考えてもらいましたが,再現性のある条件の変化しないもので私たちに馴染み深いものの1つは,おそらくサイコロを振ったときに出る目ですね。デタラメという言葉自身「サイコロを振って出た目次第」というのが元々の意味だったともいわれています。このデタラメのことをランダム(random,無作為)といいます。

## サイコロで0から9までの数字がつくれる?

標本調査のときにもふれましたが,ゲームや抜き取り調査などでは無作為に操作をすることが求められます。しかし,完全に無作為に行うことはとても難しいことです。そこで,この無作為を積極的につくり出す方法が考えられました。無作為をつくり出す具体的な手段として,まず考えられるのはサイコロです。しかし,普通のサイコロは面が6つある正6面体ですので,1から6までの目しか出ません。私たちの祖先が手や足の指を使って数えることが多かったせいか,私たちは0から9までの数字を並べて使う10進法に慣れています。10進法の世界で考えたいのに6までの数字しか出せないサイコロを使うのでは不便です。では,もし,10進法で使えるサイコロがあればどうでしょうか? 便利だと思いませんか? そんなサイコロがあれば,2振りするだけでそのまま2桁のランダムな数が得られるようになります。

## 正10面体のサイコロはできるのか?

広い世の中,10進法のサイコロはないのでしょうか。数学的に考えると正多面体は,正4面体,正6面体(サイコロ),正8面体,正12面体,正20面体の5種類しかないため,そのまま使える10進法の適正なサイコロをつくることは難しそうです。でも,その難題にあえて挑戦した日本人がいました。石田保士さんです。彼は正多面体のなかで面の数

が一番多い正20面体のサイコロに注目しました。正20面体は古代ギリシャですでに使われていましたが、これは1から20までの文字を刻んだもので、10進法にはなっていません。そこで石田さんは、正20面体の20個の面に、0から9までの数字を2つずつ刻み込んだ「乱数サイ」を考案しました。これは以前日本規格協会から市販され、無作為抽出の手段として実用されていました。

## サイコロの投げ方？

　乱数サイは10進法に適しているという利点のほかに、固くてよく転がるという利点もあります。よく転がる方がランダム（無作為）になりやすいため、これは利点です。本当に転がりは関係あるのかと疑問に思われる方は、逆の場合を考えるとよくわかります。たとえば、ピラミッド形の正4面体のサイコロをつくり、下になった面の目を数えるとします。転がりにくいので、出したい目のある面の反対側の頂点をつまんで、その面を水平に保ったまま、強い回転運動を与えると、出したい目が出やすくなります。では正20面体はそんなことはないのかといわれれば、残念ながらもちろん回転運動で特定のいくつかの目を出しやすくできてしまいます。そのため、より公平性を保つために、振り手の意思をほぼ完全に除外することが必要です。その方法の1つとして、サイコロをまず手のなかで振ってから壁にぶつけるなどして床に落とすことなどがあります。これは普通の6つ目のサイコロの場合も同じです。実際のサイコロ投げを観察してみると、このような行為を行っている人はほとんど

みられませんが、その場合は、もしかしたら、ある程度狙って目を出しているのかもしれません。

いろいろな場面で、無作為であることが求められますが、完全な無作為は、このように大変な作業で人間にはなかなかできません。実際にはコンピュータで疑似乱数をつくり出して使うことや、143ページで紹介しました乱数表、ここで紹介しました乱数サイを用いて行われているようです。

### ● 次こそは必ず起きるはず

サイコロを10回投げて1の目が1度も出なかったとします。心情的には、次は1の目が出てくれてもよさそうだ、と思いたくなります。しかしサイコロはこれまでにくり返された実験の結果を記憶していませんので、無情にも1が出ない確率の方が高いのです。

これらのように、ある事がらが起こるとき、前後に脈絡のないことが偶然事象の本質です。くじ引きでもコイン投げでも、次に起こる確率は直前の結果に左右されることがないことが世の中には多々あります。

### ● 古代のサイコロ

古代ギリシャにはすでに正6面体のサイコロがあり、当時は祭具として用いられていたようです。アルファ（1のこと）の裏がゼータ（6のこと）で、ガンマ（3のこと）の裏がデルタ（4のこと）という点は現在のサイコロと同じですが、2と5の目がなかったそうです。

祭具として用いられていたので、何か特別な理由があったのでしょうか？

実はこのサイコロは、羊や犬などの動物のくるぶしの骨で作られていたそうです。6面のうち2面が曲がっているために、上に向くことができるのは4面にほぼ限られていたため、2と5の目が作られなかったということのようです。思っていたより現実的な理由でしたね。

# 35選 Statistics

# 999999999 もランダム！

　小学校5年生のときに学ぶ円周率は，円周÷直径で求められる値で，その数は 3.1415926… とどこまでも続いて終わりのないものです。そのため，わかりやすいように $\pi$（パイ）という文字で表されます。この $\pi$ はギリシャ語 $\pi\varepsilon\rho\iota\phi\varepsilon\rho\varepsilon\iota\alpha$（周りという意味）の頭文字をとったものです。

## ● 円周率 $\pi$ は 3.14 ではなかった？

　今日では，$\pi$ は 3.14 であることはほとんどの人が知っていることと思います。この数字は昔から決まっているものとして特別有り難いとも思わずに私たちは使っていますが，この数字をはじき出すのに，私たちの祖先はずいぶんと心血を注いだようです。

　紀元前 4000 年ごろの古代エジプトでは $\pi = \left(\dfrac{16}{9}\right)^2 = 3.1609$ と認識されており，わが国初の和算書である毛利重能 著『割算書』(1622 年) では $\pi = 3.16$ となっていました。最初から 3.14 ではなかったのですね。

## ● 円周率もランダムとして用いられている？

　ランダムという言葉は，無作為とかデタラメということを 34 選ではふれました。では，円周率はどうでしょう。

　人に「ランダムに数字を 100 個書け」というと，だれでも何とかして数字をばらつかせようという意識が働いて，たとえば 333 という重複数字や 789 という連続数字をことさらに避けようとするものです。しかし本来ランダムであれば，特定の選び方が意識的に避けられてはならないはずですので，重複数字や連続数字が出てくる方がむしろ自然なのです。

34選でもランダムをつくり出す方法についていくつかふれましたが，円周率$\pi$の小数点以下の数の並びを乱数として使用することも考えられました。むろん，そのときは，前提として，$\pi=3.1415926535\cdots$が十分にランダムに並んだ数字であることが確認されなければなりません。

## ● 円周率の不思議

$\pi$は小数点以下22兆桁以上計算されていますが，この数列がランダムであることが統計的検定手法（適合度検定）をはじめとして種々の方法で確かめられています。$\pi$がランダムであることがわかっているのに，金田康正 著『$\pi$のはなし』(10億桁目までが印刷されている)によると，驚いたことに，10億桁目までで123456789と並ぶ所は2か所あり，逆に987654321と並ぶ所は1か所あります。さらに，最初の1,000桁のなかでさえすでに762桁目から6個の「9」が続き，3億8,698万412桁目からは「6」が実に10個も連続して続き，5億6,466万5,206桁目からは「9」が9個も続き999999999のように並びます。不思議ですね。

このように$\pi$は近視眼的にはランダムにはみえないのに，統計的にはランダムであるという性質をもっています。そのため，$\pi$を乱数として用いても問題ないことがいえますね。

## ● 円周率$\pi$は22兆桁も必要なの？

22兆桁まで求められている$\pi$の数値は実用上小数点以下何桁くらいまで使用されているのでしょうか。1例をあげると，アポロ11号の月旅行軌道の計算には，地球の周りを回っている月にアポロ11号がうまく出逢うために$\pi$の値を小数点以下16位まで使用したそうです。月旅行の計算でも16桁で十分なのですから，円周率は小数点以下40桁もあれば科学技術計算には十分ともいわれています。そうなると，それ以降の桁数は何のために日々求め続けているのでしょうか。もしかしたら，

コンピュータの計算速度の改善や科学的ロマンを追い求める行為に通じるところがあるのかもしれませんね。

### 22兆桁の数字は正しいの？

πは22兆桁以上計算されていると書きましたが，それはどのくらいの大きな数字なのでしょうか。

仮に22兆桁を表示できる電卓があったとして，そこに表示された数字を1桁につき1秒ずつ眺めたとすると，全部の桁を見終えるには69万年以上かかることになります（同じような計算を42選であつかっていますので，求め方はそちらを参考にして下さい）。

これほど大きなπの値の数の列が正しいかどうか，どのように確認しているのでしょうか。πを計算するソフトはいろいろ知られていますが，少なくともいままで世の中で認められているπの値の数の列と照らし合わせる必要はありそうですね。

サイコロの起源は，文献的には，紀元前 1500 年ごろインドにアーリア族が侵入する前から存在していたという記録が残っています。

> コラム ── column 19
> サイコロの起源

インダス河に沿うモヘンジョ・ダロから現物も発見されています。現在のサイコロと同じく正 6 面体のものですが，現在のものと目の刻み方が異なっています。今日のような向かい合った面の和が 7 になる 6 面のサイコロがつくられたのは，紀元後のことではないかと考えられています。

少なくとも 4,000 年の経験を通して，私たちは，適正なサイコロでは，放ったとき出る目が何であるかを確実にいい当てることはできませんし，たとえそのサイコロの過去の記録を調べてみても，せいぜいいえるのは，どの目がどれくらい出やすいかということだけであるということを知っています。1 回 1 回はいい当てられないのですが，永い目で全体としてみると，いろいろな目の出る割合がほぼ一定しているということ，これがサイコロの目についてのランダム（デタラメ，無作為，無規則）の特性です。

とくに正多面体や正 4 角柱では，その形の対称性から，いろいろな目の出る割合は同じと想定されます。したがって，1 回 1 回何が出るかはわかりませんが，全体として公平さが保たれているのは神意によると解釈される向きもあるようです。これが神託を伺うのにサイコロを使う根拠にもなったのでしょう。日本でも魔除の縁起ものとして神社や寺で使われてきました。

6666666666 もランダム！

# 36選 Statistics
# 65年以上生きる人は交通事故に気をつけろ！

　交通事故死者数のデータは，事故が発生して24時間以内に死亡した人数を集計していました。しかし，国際的には30日集計が死亡事故統計の主流になっていることから，警察庁では1992年から30日集計を始めました。

## ● 交通事故にあう人の推移

　交通事故死者数の統計は戦後の1946年からスタートしています。この変遷については，10選をみてください。グラフで概観しています。

　これによると，1952年に4,000人台となってから，以降年々増加し，1970年には16,765人と過去最多を記録しました。それ以降減少し，1976年には1万人を下回りましたが，1988年には再び1万人を上回りました。しかし1996年には9年ぶりに1万人を下回り，2002年には過去最多であった1970年の死者数の半分になりました。その後は，2003年には7,000人台，2007年には5,000人台，2009年以降4,000人台になり，ついに2016年には3,904人となりました。政府は2020年度までに死者数2,500人以下の目標を掲げています。

## ● 約2時間に1人が亡くなっている

　2015年の交通事故死者数は4,117人ですが，そのうち65歳以上の高齢者の死者数は2,247人で，全年齢死者数の54.6％を占めています。高齢者が交通弱者になっていることがわかると思います。平均的に考えると，たとえば，2015年は1日平均の死者数は11.28人で，これは4選でふれたインパクトの大きいいい方をすると，約2時間13分に1人が交通事故で亡くなっているともいえます。

## ● 長寿と交通事故死?

すこし乱暴に確率を計算してみましょう。たとえば,2016 年の死者数は 3,904 人ですが,4,000 人として,日本の総人口数を 1.2 億人として考えると,次のように計算できます。

$$\frac{4,000}{120,000,000} = \frac{1}{30,000} = 0.000033$$

つまり,3 万分の 1 が 1 年間に交通事故で死亡する危険率ということになります。3 万分の 1 って,百分率で表すと 0.003％ となります。ほとんど 0 のようですが,でもゼロではありません。このような交通状況のなかで,たとえば,社会環境が変わらないとして 65 年間生き長らえることのできる可能性を計算してみますと,次のように計算できます。

$$\left(1 - \frac{1}{30,000}\right)^{65} = \frac{461}{462}$$

驚くべきことに,計算上,462 人に 1 人は交通事故死という不本意な死を余儀なくされることになります。さらに最近の平均寿命の伸びを考え,75 歳,85 歳の場合もみてみますと,次のようになります。

$$\left(1 - \frac{1}{30,000}\right)^{75} = \frac{399}{400}, \quad \left(1 - \frac{1}{30,000}\right)^{85} = \frac{352}{353}$$

85 歳では,なんと 353 人に 1 人は交通事故死してしまうことになります。交通事故にあわないように生きることも大変です。とにかく歩行中は十分に気をつけたいものです。

# 37選 となりの人の誕生日は同じかも？

Statistics

　たまたまバスに乗り合わせたとき，乗客に誕生日をきいてみると，全員の誕生日が異なっている可能性は意外と小さいようです。信じられないかもしれませんが，バスに40人が乗っていたとして考えると，誕生日の重なる人がいる可能性はおよそ9割にもなります。

## ● 誕生日は重なるもの？

　本当にそうなの？　と思うかもしれませんね。365日のなかで40人の誕生日が一致する確率は $\frac{40}{365}$ ＝約11％となり低い，と考えてしまいたくなりますが，本当にこの計算で正しいのでしょうか。

　まず「全員の誕生日が異なっている」ことを考えます。誕生日が同じになる確率を計算するのではなく，29選のサイコロ投げの確率で計算したときと同じように，全体から誕生日が同じにならない確率を引くという考え方をしてみることになります。40人の誕生日がすべて異なる確率は $\frac{364}{365} \times \frac{363}{365} \times \frac{362}{365} \times \cdots \times \frac{365-40+1}{365}$ と計算できます。これは，あ

るAさんを中心に考えたとき，次にBさんと違う誕生日になる確率，また次にCさんと違う誕生日になる確率，またまたDさんと…という考え方になります。これをくり返すと，40人の集団中に同じ誕生日の人が少なくとも1組いる確率は，次のように求められます。

$$1 - \frac{364}{365} \times \frac{363}{365} \times \frac{362}{365} \times \cdots \times \frac{365-(40-1)}{365} = 0.8912$$

一般にある集団で誕生日のときと同じように重なりがある確率は，次のようになります。

| 人数 | 5人 | 10人 | 15人 | 20人 | 21人 | 22人 | 23人 |
|---|---|---|---|---|---|---|---|
| 確率 | 2.7% | 11.7% | 25.3% | 41.1% | 44.4% | 47.5% | 50.7% |

| 人数 | 24人 | 25人 | 30人 | 40人 | 50人 | 60人 |
|---|---|---|---|---|---|---|
| 確率 | 53.8% | 56.9% | 70.6% | 89.1% | 97.0% | 99.4% |

どうですか。40人のなかで同じ誕生日の人がいる確率は，実は高かったというにわかには信じがたい結果が出てきましたね。

上の表をみてみると，23人の時点で50％を超えていることがわかります。たとえば，あなたに23人の友達がいて，おのおの自分の誕生日にパーティーを開くとした場合，同じ日にパーティーが行われる確率は五分五分よりわずかながら多いようです。意外ですね。

また，似たような身近な例として，次のようなものがあります。ある会への参加者30名全員が，適当な品物を持ち寄ってプレゼント交換会をしたとします。くじ引きをして品物をもらっていくと，自分の用意したものが当たってしまうという不運な人が出る可能性が7割以上もあるそうです。一所懸命考えたプレゼントが自分に戻ってきてしまうのは非常に残念ですね。

# 38選 Statistics
# いいことも悪いことも続けて起こりがち？

スーパーやコンビニエンスストアで買い物をするためにレジに行ったときはだれも並んでいなかったのに，会計がすんで振り返ると列ができていたといった経験はありませんか？　実は統計的にはこれは自然な現象なのです。

## ● 大学病院での待ち時間

ある大学病院の薬局の窓口に処方箋を持ってやってくる人の到着間隔をある時間帯に調査した結果，次のようなデータとなりました（右側は度数分布表データをヒストグラムで示したものです）。

| 到着間隔（秒） | 実測度数 |
|---|---|
| 0以上～10未満 | 28 |
| 10～20 | 18 |
| 20～30 | 11 |
| 30～40 | 11 |
| 40～50 | 9 |
| 50～60 | 7 |
| 60～70 | 3 |
| 70～80 | 2 |
| 80～90 | 0 |
| 90～100 | 0 |
| 100～110 | 1 |
| 計 | 90 |

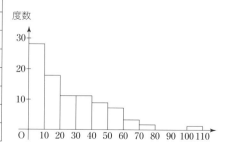

右下がりの徐々に減少している形状をしていますね。これは指数分布とよばれる分布です。このほかにも同じ右下がり形状の分布で説明できる同様な例として，次のようなものがあります。

(1)　1台のタクシーを見送ってから次のタクシーをつかまえるまでの待ち時間
(2)　故障した機械の部品を修理してから次に故障するまでの時間
(3)　銀行，切符売場や薬局などで窓口に到着する客の到着間隔
(4)　電話のかかってくる時間間隔
(5)　工場で発生する傷害事故の時間間隔
(6)　ある災害（事故，地震など）が起こってから次の災害が起こるまでの時間間隔

　大学病院での待ち時間の分布のグラフからもわかるように，このグラフのような形状となる現象には，0秒に近い値が起こりやすい事実があります。いいかえると，ある事がらが起こった後に，すぐ続いて次の事がらが起こることが珍しくないということになります。

## ● 最適なお客さまへのサービスは？

　金融機関や薬局，切符売場の窓口，大型スーパーのレジなど，さまざまな場所で行列をつくって待っている人々を見かけますが，こうした場合，窓口やレジの数が少ないと待ち時間が長くなりすぎて利用客に迷惑がかかります。そこで，窓口やレジをいくつにすれば理想的かといった問題があります。窓口やレジにやってくる人が到着する時間の間隔の分布のグラフ（式は付録参照）は次のページのグラフのような指数分布を仮定して考えることができます（これは待ち行列理論とよばれています）。

　このように，不確定的な現象は分布を用いて説明できるのです。

## ● 続く航空機墜落事故

　上の(1)～(6)で示したケースのうち，(5)や(6)も(1)～(4)と同じように0に近いほど起こりやすいのでしょうか。もしそうならあまり良い情報ではありませんよね。実際にみてみましょう。

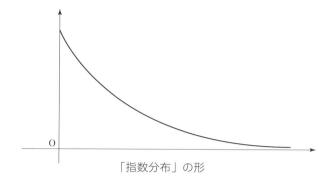

「指数分布」の形

　たとえば，世界全体でみれば，列車事故ほどではありませんが，航空機事故はかなり頻繁に起こっているようです。一方で，航空機は世界で一番安全な乗り物ともいわれています。アメリカ国家運輸安全委員会の調査によれば，航空機事故で死亡する確率は 0.0009％ といわれています。これは，日本で一番低い東京都（2012 年時点）の自動車事故での死亡率である 100,000 人に 1.4 人（0.0014％）と比べてみても，その低さがわかると思います。これだけ低い確率ですから，たとえば，どこかで航空機が墜落した翌日は，連続しては落ちないと考えるのが自然ではないでしょうか。普通ならしばらくは安全という心理が芽生えるものです。でも，不思議に思うかもしれませんが，墜落事故が 2 日連続で起きたり，1 か月以内に再び落ちることは，単なる偶然かもしれませんが，起こってもそんなに不思議ではないことなのです。

　実際 1966 年に日本で起こったことに次のようなものがあります。

- <u>1966 年 2 月 4 日</u>。千歳空港発羽田行きの全日空ボーイング 727 型機が東京湾に墜落し全員死亡。
- <u>1966 年 3 月 4 日</u>。羽田国際空港でカナダ太平洋航空 DC8 型機が，着陸に失敗し防波堤に激突炎上し，64 人死亡，8 人救助。
- <u>1966 年 3 月 5 日</u>。イギリス海外航空のボーイング 707 型機が富士

山太郎坊観測所付近に墜落炎上し全員死亡。

このほかにも、ほかの年で同じ月に2回大きな航空機墜落事故があった年を今日までみると、1963年5月、1964年2月、1965年2月、1971年7月、1988年1月があります。

事故が起こった後すぐは、とくに注意深くしなくてはならないようですね。

> コラム — column 20
> 乱数表
>
> 0から9までの数字がランダムに出現した記録をとった表があります。これを乱数表といいます。ここでいう0から9までの数字がランダムに出現するとは、次の2つの条件が最低満たされている状態のことを指します。
>
> (1) 出現する数の出方が次に出現する数に影響を与えないこと（独立性とか無規則性とよばれています）。
>
> (2) 0〜9は等しい出方の確率 $\frac{1}{10}$ をもつこと（等確率性とよばれています）。
>
> 実際に与えられた数がランダムかどうかの判断はそんなに容易にできることではありません。円周率πの数の列はランダムでしたね（35選参照）。
>
> 乱数表は学校で使用する数学のテキストの巻末にも載っています。
>
> 乱数表のなかの数字は乱数として（ランダムなものとして）使用されます。

いいことも悪いことも続けて起こりがち？

## 39選 Statistics
# タマタマはいつくるの？

不動産業においては、1日に何度も契約できることはなさそうです。契約成立にいたる確率はきわめて小さいと考えて差し支えないのではないでしょうか。では、どのくらいになるのか、不動産業の人は知りたいところだと思います。

## ● 希に起こることは考えるだけムダ？

不動産屋さんの例のように、起こりにくいことを明らかにすることに意味があるのでしょうか。人は、なぜこのような確率を求めるのでしょうか。滅多に起きないなら、考えるだけ無駄と思ってしまいそうでしょうか。

逆に考えてみてください。たとえば、リスクや安全性に関連する現象は知りたくないですか？ この薬は効くけどごく希に副作用がありますといわれたとき、その確率がどのくらいなのか、気になりませんか？危険なことが起こる可能性も、統計的に考えられるのですよ。そのため、このような滅多に起きないことを考えているのです。

## ● 希に起こることを考えた人がいた

このようなきわめて起こりにくい事がらに対しての確率を求めるときには、ポアソン分布とよばれるものを使うとよいことがわかっています。ポアソン分布とは、フランスの数学者で統計学者としても知られるシメオン・ドニ・ポアソン（1781〜1840）によって1837年に導かれた離散型の分布です（離散とは値が飛び飛びに出るという意味です）。

たとえば、このポアソン分布を用いると、1,000件の斡旋申込みに対し、4件の契約が成立する確率は、約9％（0.090224）となります（契約が

成立するのは 0.2％（0.002）であるとして求めています。確率の計算は付録をみてください）。

　ポアソン分布があてはまる例を最初に示したのは，ポーランド人の統計家ボルトキーヴィッチ（1868 〜 1931）でした。1898 年に発表された彼の有名な論文『小数の法則』において，ポアソン分布の統計的重要さを指摘したもので有名な，「馬に蹴られて死んだプロシア軍兵士の度数分布」がポアソン分布で近似できるという例を示したことがその初めだったとされています。この例が示されたのは，ポアソン分布の発見（1837 年）から 60 年も経過しており，この間ポアソン分布に関連した統計的な適用例はほとんど見当たりません。これ以後に，ポアソン分布が稀少現象の生起に関する確率モデルとして認識されたといってよいでしょう。

## ● ポアソン分布が使える例は？

　38 選で窓口にくる客の到着時間の間隔の（指数）分布が徐々に右下がりする形をしていましたが，こんどは時間を決めて，たとえば 10 分間ごとに到着する客の人数を調べると，38 選とはまた異なる分布（ポアソン分布）が登場します。そのグラフの概形は付録をみてください。ポアソン分布の現象の例は無数にあり，主に稀少現象の発生頻度を表すのによく適合します。以下に代表的なものをあげます。

(1) 交通事故死者数
(2) 大量生産の不良品数
(3) 破産件数
(4) 火災件数
(5) 砲弾命中数
(6) 遺伝子の突然変異数

ほかの応用例として，次のようなものもあります。

(7) 単位時間内の電話呼び数
(8) 渋滞していない高速道路の料金ゲートへ単位時間内に到着する車の台数
(9) 各種の窓口に単位時間に到着する客の人数
(10) 1か月あたりの機械の故障件数
(11) 1ページあたりのミスプリント数
(12) 大量生産されたある布地について，一定の面積内にあるキズの数
(13) 一定の走行距離の下でタイヤがパンクする回数
(14) 医学研究で顕微鏡視野に入る単位面積あたりの細菌数
(15) 非伝染性の病気の発生患者数
(16) 物理現象として単位時間あたりのガイガー計数管の読み数（原子物理学者ラザフォードの1920年の観測例が最初）

日常的に出会う興味深い現象が多いですね。

## ポアソン分布が現れるのはどんなとき？

すべての目が同じように出るサイコロを振って，3が出る確率は何かときかれたら，$\frac{1}{6}$と答えられる人は多いと思います。では3回振ったときに2回3が出る確率はどうでしょうか。サイコロのように，振ること自体は1回目の結果と2回目の結果に関係がない事象が世の中にはたくさんあります。とくに今回のサイコロのように，3が出るか出ないかというように，結果を2つに分けて考えられるものを二項分布といって

います。この確率の一般式は付録をみてください。

　実は，二項分布において，実験回数が大きく（すなわち大量の観察ができる），1つの結果が出る確率が小さい（すなわち稀小現象である）場合には，実験回数と確率の積の値がほぼ一定になることが現実に観測され，ポアソン分布が導かれることが知られています（詳しくはこれまた付録をみてください）。

　上であげた(1)〜(16)も，考え方を工夫すると，すべて実験回数が多い二項分布といえますので，ポアソン分布を用いて考えることができるというわけです。

## コラム —— column 21　地価上昇率の平均

　従来の平均では正確に説明できない，時系列データの平均に関しては，幾何平均というものが用いられます。

　たとえば，ある都市の4年間の地価がそれぞれ20.2％，30.4％，48.6％，12.8％と上昇したとします。この4年間の年平均上昇率（年間地価上昇率）は，通常の平均値のように，各地価の上昇率の総和（20.2＋30.4＋48.6＋12.8）を4で割った28.0％でよいのでしょうか。答えはNoです。

　よく考えてみると上昇は基準になる前年と比べての数値であるので，そのことを考慮に入れなければなりません。これを解決するのが幾何平均なのです。実際に計算すると年平均上昇率は27.3％となります（付録参照）。28.0％とはすこし異なりますね。このように，幾何平均は長い期間にわたる物価の上昇率とか運賃の値上がり率などの平均を求めるときには有用です。

　一般的には，幾何平均の値は，従来の平均の値よりは小さく，調和平均（コラム06参照）の値よりは大きくなることが知られています。

# 40選 連勝ってどこまでできるの？

みなさんは互角という言葉をきくと，どのような力関係を想定しますか。まったく同じ力量をもっているのだから，互角の2人が勝負をしたら勝ち負けが交互に起きると考えるでしょうか。統計的にみると面白いことがみえてきます。

## ● 実力が互角のときの勝負は？

互角とはニュアンスが異なりますが，同じ確率をもっている事象として，コインを投げて表と裏とどちらが出るかというものがあります。この場合，コインを10回投げて表・裏が交互に出続ける可能性は実は0.2%しかありません。逆に，表か裏が連続して何回も出る割合の方が高いことがわかっています。

同じことが勝ち負けについても当てはまります。たとえば，確率上，実力が互角の2人が10回勝負をし，結果が5勝5敗となる確率は24.6%となります。実は，結果が五分五分とならない可能性の方がよく起こることのようです。

実際に，実力が互角でも，勝負を30回も続けていると，2人のうちのどちらかが6連勝以上することはよく起こります。このようなことはジャンケン勝負でもよく経験しますよね。ではその連勝が10回も続いたとしたらどうでしょうか。これもよく起こることなのでしょうか。

計算しますと，実力が互角の相手に10連勝できる確率は0.1%しかないことがわかります。互角の実力の持ち主どうしの勝負じゃ滅多に起こらないことだといえそうです。どちらかが10連勝した場合は，実力に差があったことを認めなくてはいけませんね。

## 強ければ100連勝も可能なのか？

では，どのくらいの実力の差があれば，どの程度の連勝が可能なのでしょうか。難しい問題ですが，大相撲でみてみましょう。

第35代横綱の双葉山（1912～1968）は69連勝という連勝記録を達成しています。この69連勝の記録を超えて70連勝を達成するには，相手力士に対して，どのくらいの勝率で戦う必要があるのでしょうか。力士が最良の状態で土俵をつとめられるのがせいぜい10年間であるとして考えると，1年6場所を戦っても900戦しか行えないということがわかります。900戦のうちで70連勝できる確率を計算すると，勝率が90％という高い状態でもその確率は5.1％となり，統計的には滅多に起こらない現象となります。かなり難しそうですね。連勝記録をもつ双葉山の幕内通算勝率は8割2厘ですが，横綱昇進後は実に8割8分2厘という勝率をほこりました。歴代横綱のなかでも最強のうちの1人といわれている大鵬ですら，最大45連勝でした（幕内通算勝率は8割5分，強すぎてヒール役を演じた北の湖すら32連勝で幕内通算勝率は7割3分）。反対に，通算勝率が7割6分と彼らほど高くない千代の富士が53連勝の記録を残していたりもします。現在最強といわれている第69代横綱白鵬は63連勝という双葉山に迫る記録を残しましたが，届きませんでした。双葉山の69連勝は時代が違いますが，どれだけの大記録かがおわかりいただけたのではないでしょうか。

# 41選 お年玉年賀はがき離れ！

Statistics

　年賀はがきには，ご存知のように昔は5等まで賞品がついていました。最近は発行枚数が減ったことが影響しているのか，賞品も3等までで，さらに3等は100枚に2本の割合でしか当たらないという寂しいものになっています。2015年の賞品は，1等が1万円（10万枚に1本の割合），2等がふるさと小包など（1万枚に1本の割合），3等が切手シートです。昔の面影はどこへ行ってしまったのでしょうか？ 2016年と2017年の1等賞品は旅行・家電などまたは現金10万円となっていましたが，当たりは100万枚に1本の割合になっていました。

## 年賀はがきはこれからどうなる？

　年賀はがきの発売状況はどうであったかをみてみますと，始まりは1949年発行1950年用の1億8千万枚，ピークは2003年発行の44億5,936万枚で，最近の15年間では6年間が40億枚を超えていますが，ほかの10年間は30億枚台です。2017年用の年賀はがきの発行は28億5,329万枚で，30億枚を下回るのは1983年以来でした。インターネットを含めた社会情報環境の変化から，年賀はがきを購入し差し出す人は年々減少しています。年賀状離れですね。いまではスマホ1台で，手元で必要

事項を入れるだけで年賀はがきの発送の注文までできる時代です。ネットを使って年賀はがきの印刷・発送代行サービスを利用する人は増え続けています。

すこし古いものですが、興味深い情報を 1 つ披露します。年賀はがきの販売状況は公的には発表されていません。しかし、次のように（販売実数／発売枚数）なっていたようです。

| 1989 年 | 33 億 6,106 万枚 ／ 34 億 3 千万枚 |
| 1990 年 | 38 億 3 千万枚 ／ 39 億 2 百万枚 |
| 1991 年 | 37 億 6 千万枚 ／ 38 億枚 |
| 1992 年 | 38 億枚 ／ 38 億枚 |
| 1993 年 | 38 億 5 千万枚 ／ 38 億 5 千万枚 |
| 1994 年 | 39 億 1 千万枚 ／ 39 億 1 千万枚 |
| 1995 年 | 37 億 9 千万枚 ／ 37 億 9 千万枚 |
| 1996 年 | 39 億 2.5 千万枚 ／ 39 億 2.5 千万枚 |
| 1997 年 | ？ ／ 40 億 5 千万枚（40 億枚を初めて突破した） |

ここで興味深いことは、1994 年の年賀状配達は約 36 億通で、ほぼ前年並みだったと発表されたことです。実態との差は 3 億枚ほどありますが、なぜでしょうか。当時の郵政省が年賀状完売といっていたため、だれかの手元に相当数残っていることになります。このような状況は現在まで続いていると思います。実際、1989 年〜1991 年の 3 年間では明らかに完売をしていないことが数字上から判明しています。また 1995 年用の発行枚数が大幅に減ったのは、1994 年 1 月に郵便料金を値上げした影響で利用が落ち込むとみたからだと思われます。これは 1991 年用以来 4 年ぶりの低い枚数でした。

## ● お年玉はがきが当たる幸運

2015 年の正月、筆者の家へ届いたお年玉つき年賀はがきは 370 枚あ

りました。そのなかで，1，2等は1枚も当たりませんでしたが，3等のお年玉切手シートは15枚も当たりました。この年のわが家の当選確率は $\frac{15}{370}$ で4.1％でした。2015年の3等の当選確率は100枚に2本でしたので，幸運なことにわが家の場合はこの平均的確率2％よりも上回っていました。ではどの程度「幸運」だったといえるのでしょうか。計算してみましょう。

これは二項分布（39選とその付録参照）の問題として考えることができます。370枚中15枚当たったことをわかりやすくいいかえると，成功の確率が $\frac{2}{100}$ である実験を370回くり返したとき，成功が15回起きたという問題と同じように考えることができます。その確率の値は次の式で計算できます。

$$_{370}C_{15}\left(\frac{2}{100}\right)^{15}\left(\frac{98}{100}\right)^{355}$$

この式の意味は，当たり $\left(確率\frac{2}{100}\right)$ が15回と，外れ $\left(確率\frac{98}{100}\right)$ が355回（＝370回－15回）起こるときの確率は？　という意味です。式では簡単にみえますが，この式は実際に計算すると大変なので，二項分布のポアソン分布近似とよばれるものを用いて計算することにします。過程は省略します（39選とその付録参照）が，幸運な結果を得る確率は約0.5％となります。これはよくあることというよりは滅多にないことの部類に入りそうですね。統計的にはわが家は年初から縁起が良かったといえます。ちなみに，2016年の正月には368枚の年賀状が届きましたが，当選は3等が6枚だけでした。この状況が起こる確率は約13％となります。これはよくある現象と判断されますので，あまり幸運ではなさそうです。残念。

世界をみてみると，これまでに大小さまざまないん石が落ちてきていて，地形に大きな傷跡を残してきたようです。たとえば，南極大陸ウィルクスランドのいん石孔は，直径241 km，深さ805 mで，130億トンのいん石が時速70.81 kmで地球に激突したものらしいといわれています。

> コラム —— column 22
> いん石はまた落下してくる？

統計的研究によれば，直径1 kmを超すようなクレーターをつくる能力のあるいん石は，1,400年に1個の頻度で地球に入射しているといわれています。直径10 km以上のクレーターをつくるようないん石となると，その頻度は約100分の1になり，14万年に1度の割合になります。しかしこの頻度は時代とともに変化してきたと考えられ，地球誕生直後の40億〜45億年前には現在の頻度の1,000倍以上の頻度で衝突があったと考えられています。

アメリカで有名なバリンジャーいん石の直径は約65 mでした。東京ドームシティにある世界で初めてのセンターレス大観覧車「ビッグ・オー」の直径が60 mとのことですので，結構大きそうです。この大きさの天体が地球にぶつかる確率は，1万年に1回と推定されています。このくらいでも，都市を直撃したら大変なことになるでしょう。

もしもっと大きなサイズのものがいま落ちてくるようなことがあれば，人類も危ないでしょう。このように，確率はきわめて低いのですが，起これば甚大な害をもたらす天文学的リスクに，私たち人類はどう備えたらよいのでしょうか。

# 42選 Statistics
# 信長と秀吉のさい銭投げのヒミツとは？

　征韓の役（1592〜1598）で，太閤豊臣秀吉は肥前名護屋出陣の道すがら，安芸の宮島に参拝して武運長久を祈りました。ここで銭100枚を神前に投げたところ，100枚の銭が100枚とも表が出たというのです。「この上ない吉兆である。戦勝疑いなし」と士気は大いに上がったといわれています。たしかにすごいことですね。

## ● 武運長久のわざ？

　その後，だれかはわかりませんが，疑わしく思ったのでしょうか，その銭を集めて調べてみたところ，100枚が100枚とも2枚ずつ背中合わせに糊ではり合わせたものであったことがわかったそうです。すこし残念な気もしますが，では，なぜ秀吉はこんなことをしたのでしょうか。一説には，信長を真似たともいわれています。信長は桶狭間の戦い（1560年）に出陣する前に，名古屋の熱田神宮で戦勝祈願をしています。そこでの行為については白鷺のものも含めて諸説ありますが，そのなかに，信長は10枚の銭を投げすべて表が出て，これは吉兆であるとして士気が高まったといわれているものがあります。

## 🔴 本当に 100 枚とも表にはならないのか？

　100 枚の貨幣を投げて 100 枚とも表になるようなことは滅多にない，つまり確率がきわめて小さい現象です。しかし小さいといっても，いったいどれくらいゼロに近いことなのでしょうか。試しに計算してみますと次のようになります。

$$\left(\frac{1}{2}\right)^{100} = \frac{1}{1{,}270{,}000{,}000{,}000{,}000{,}000{,}000{,}000{,}000{,}000} = \frac{1}{1.27 \times 10^{30}}$$

すなわち，100 枚の貨幣がすべて表となるのは，1 に 0 を 30 個つけた数だけおさい銭を投げ続けても 1 回そのような幸運に巡り合うかどうかわからないような，本当に稀なことなのです。

　1 に 0 を 30 個つけた数は，われわれの日常生活ではあまり出てこない大きさの数です。それがどれくらいのものか見当がつきません。では，もうすこしイメージしやすいように，実際にコインを投げる操作をくり返した場合，どのくらいの時間がかかるのかを考えてみましょう。

　1 分間に 50 回コインが投げられるとします。夜も昼も休みなしに投げ続けられるとすると，1 時間に 3,000 回，1 日に約 70,000 回，1 年に約 25,000,000 回，4 年に約 100,000,000 回すなわち 10 の 8 乗回，400 年に約 10 の 10 乗回，40,000 年に約 10 の 12 乗回，4,000,000 年に約 10 の 14 乗回投げられることになります。

　地球上に人類が生まれてからまだ 700 万年ぐらいしかたっていないということですが，そのわれわれの最初の先祖が昼夜続けて投げていても，全体の半分にもならないのです。

　このような小さな確率のできごとが実際に起こるということは，100 年にも足りないわれわれの短い一生ではまったく考えられないことです。つまり人間の尺度では，このような小さな確率はゼロと考えてもよい，つまりありえないことといってもよいのではないでしょうか。

　織田信長や豊臣秀吉は確率論的な考え方を知っていたのでしょうか。

# 43選 Statistics
# いん石の 6,000 万年の旅！

　いん石は宇宙からの突然の使者です。いん石の衝突は地球誕生の前後に圧倒的に多かったようです。しかし，その後も衝突がまったくなかったわけではありません。衝突はときどき起こり，地球の歴史にさまざまな影響をもたらしてきています。約 6,500 万年前に恐竜を滅ぼしたのも，メキシコのユカタン半島に落下したいん石だったという説が有力になっています。このときのいん石は直径 10 km ほどだったといわれています（コラム 22 参照）。注意深く調べてみると，これまで人工衛星による観測で 100 を超すクレーターが確認されています。

## ● 直方いん石と美保関いん石はほんとうに双子？

　島根県の民家を 1992 年に直撃した「美保関いん石」と，平安時代である 861 年に福岡県直方市に落下した「直方いん石」は，同じ母体から宇宙空間に飛び出した「双子」である可能性がきわめて大きいことが，国立科学博物館の島博士と岡山大学地球内部研究センターの長尾教授の分析などでわかりました（1993 年 5 月 14 日，質量分析連合討論会での発表）。いん石がどれだけ宇宙を漂っていたかを示す宇宙線照射年代を知るため，いん石に宇宙線が当たってできた希ガスの濃度を測定した結果，美保関いん石は約 6,100 万年，直方いん石は約 6,000 万年であることがわかりました。この 100 万年の違いはこの分野では誤差の範囲内であるらしいので，ほぼ同じと考えてよいようです。2 つのいん石は約 6,000 万年も宇宙を漂った後，わずか 1,130 年の時間差で（素人にはこれでも十分間が開いていると思いますが）たった 300 km しか離れていない場所に落ちたことになります。スケールが大きすぎて途方にくれそうですが，ざっくり 6,000 万年を 60 年として考えると，広島で 60 年前生き別

れていた兄弟が，紆余曲折あって，約10時間差で230 km先の淡路島に着いたという感じでしょうか。300 kmの差は3 mくらいの差になりますので，ほぼ同じ場所といってもよさそうですね。約6,000万年も宇宙を漂った後，広い太陽系では，きわめて小さい点にしか過ぎない地球上の，しかも，ほぼ同じ所に，1,100年隔てて2つのいん石が落ちたことになります。すごい偶然ですね。

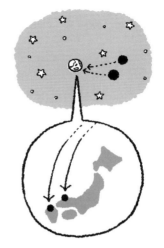

なお，直方いん石は，直方市の須賀神社に，桐箱に入れられて保存されていますが，落下が目撃された世界最古のいん石とされています。

## ● 偶然の出会いの確率

この偶然の現象が起こる確率はどのくらいなのでしょうか。まず0.1 kg以上のいん石の予想される年間落下数が，全地球上で23,930個，日本（日本の面積は38万 km$^2$）上で18.6個といわれています。よって日本にいん石が落下する確率は1,250分の1となります。また，そのなかで100 km四方に落ちる確率は38分の1となります。このように考えると，上記の2つのいん石が同じ所に落ちる確率は次のようになります。

$$\left(\frac{1}{38}\right)^2\left(\frac{1}{1,250}\right)^2 = \frac{1}{2,256,250,000} = 約\ 0.00000000044$$

ほとんどゼロといってもよさそうですね。やはりすごい偶然です。実際には宇宙空間での状況はもっと複雑なのですから，この確率はもっともっと小さくなるはずです（42選参照）。

# 44選 Statistics

## 学校で習う確率と社会で使う確率は同じなの？

　世の中には、くじの当たる確率、降水確率、出生率などいろいろな確率があります。これらは全部が同じ考え方から導入されたものではありません。単に確率は不確定的な現象を測る1つの物差しで、その対象の現象によって最適なものを選ばないとあまり意味がありません。

　統計学であつかうのは、不確定的な現象の分析であることが多いです。その客観性は、確率を用いたアプローチで保証されていることは述べました。ここでは確率についてもうすこし踏み込んだ話をします。

### ● 確率は3種類ある？

　確率には「おおむね」3つのものがあります。まず中学校と高等学校で習う数学的確率とよばれるものです。高校入試や大学入試の問題であつかわれるのもこの確率ですね。たとえば、サイコロ投げである目が出る確率は $\frac{1}{6}$ であるというようなものです。

　次に社会で主にあつかわれている統計的確率とよばれるものがあります。たとえば、出生率のようなものです（26選参照）。降水確率（33選参照）もそうですね。

　最後は公理論的確率とよばれるものです。確率を数学という学問の一分野として議論するときに用います。これについての説明は他書に譲りますが、すこしふれますと、公理論的確率論の基礎をつくったのはロシア人の数学者アンドレイ・コルモゴロフ（1903〜1987）です。この理論がどれだけ優れたものだったのかは、当時のソビエト連邦大統領ミハエル・ゴルバチョフが、職務日程を調整し直してまでコルモゴロフの葬儀に出席したという逸話からもわかるのではないでしょうか。

## 数学的確率といわれるもの

　数学的確率は，古典的確率ともよばれ，19世紀の初めごろフランスの数学者で物理学者で天文学者でもあったピエール・シモン・ラプラス（1749～1827）によって確立されました。このことから，ラプラス流の確率ともいわれています。数学的確率は次の約束にもとづいています。

　「ある実験（試行）で起こりうるすべての結果（事象）の数を $n$ とする。このときすべての事象が同様な確からしさで起こることを仮定すれば，ある事象 A の起こる確率は $\frac{k}{n}$ で表される。ただし，$k$ は事象 A が起こる場合の数である」

　すこし堅苦しいですね。身近な例でいいますと，サイコロを投げたとき，各目が出る確率を $\frac{1}{6}$ にする場合がこれに当てはまります。でもここで1つの疑問が生じます。「同様な確からしさ」で起こるってだれが保証してくれるのでしょうか。これ気になりますよね。実際にサイコロを投げてみてください。何回投げても各目が出る度数頻度はちょうど $\frac{1}{6}$ ずつにはならないのが普通です。

　この $\frac{1}{6}$ という確率は，何となく頭のなかで想像し理想化しているだけで，その方が計算などで都合がよいから使われ続けています。公平さが求められる試験問題などでは大変都合がよいのですが，実際に確率を使う観点からは疑問が生じます。そこで，統計的確率が考えられました。

## 統計的確率といわれるもの

　統計的確率は経験的確率とも頻度論的確率ともよばれています。この確率は，次の約束にもとづいています（すこし数学的な文章になりますが頑張って読んでみてください）。

「同じ条件の下で実験（試行）が続けられ，その試行回数が十分大きい場合，$\frac{k}{n}$ がほぼ一定の値に近いならば，その値を確率とよぶ」

ここで $n$ は試行回数，$k$ はある結果（事象）が起こる回数を表しています。このように決めると，実際のデータにもとづきそのつど確率が決まりますので，現実の問題に適用する場合に都合がよい場合が多いです。社会でよく見かける降水確率や出生率などはこの確率に相当します。しかし，試行回数が十分大きいってどの位のことをいうのでしょうか？ 一定の値に近いってどうやって判断するのでしょうか？ また試行回数ごとに確率の値が異なる場合はどうなるのでしょうか？ さまざまな問題点が出てきますが，この話は別のところに譲ることとします。

学校教育や入試問題など机上の計算が行われる場所では，数学的確率を用いています。曖昧さのない理想化した数字を用いることで，唯 1 つの値が求められるようにしています。

一方，現実の問題では統計的確率をあつかいます。ここでは，大雑把に起こりやすさを理解することを目的としているというようにとらえていただければ十分だと思います。

## ● あなたは確率の本当の意味を知っている？

確率の話をしてきましたが，結局，確率とは何なのでしょうか？ もう一度考えてみましょう。みなさんは以下のことに答えられますか？

(1) 翌日の降水確率が 60％ と予報されていても，その当日になると雨が降る（100％）か，雨が降らない（0％）かのどちらかですよね。ではこの 60％ の意味って何でしょうか？

(2) くじ引きで全員が，引く順番に関係なく，各人の当たる確率は同じですよ，といわれても，実際にくじを引きますと当たる人（100％），外れる人（0％）が必ず出ますよね。ではこの当たる確

率が同じってどういうことでしょうか？

(3) 40人参加の会で，各人の誕生日をきくと，同じ月日の人が少なくとも1組はいる確率が89％というけど，実際その場でみんなに誕生日をきいてみると1組はいた（100％），1組もいなかった（0％）のどちらかですよね。ではこの高い数値の89％ってどんな意味を表しているのでしょうか？

みなさん，いかがですか。確率は0以上1以下の数値で表しますが，その数値は何を意味しているのでしょうか。

結局，関心対象の現象が現れる（現れない）という・最・終・結・果・が・出・る・直・前・までの状況を示す数値だということがわかると思います。途中経過の評価と最終結果の評価は必ずしも一致しません。不確定的な現象をあつかう統計や確率では，この認識の差についての理解が大切になります。

ここまでくると確率という概念が意味をもつのは，くり返し観測（実行）できるということが前提になっていたことがわかると思います。

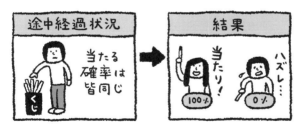

もうすこし，たとえば(3)について説明を加えますと，40人参加の会を100回開催して調べると，そのうち約89回の会では同じ誕生日の人が少なくともいるということを意味しています。具体的に89回中どの会でのことかは残念ながら不明で，確率はその会を教えてくれません。

くり返しになりますが，このような考え方が統計では大事になります。この考え方が皆さんの腑に落ちていただけていれば，この書の役割は8割がた達成したといえるのですが。

# おわりに

さて本書を楽しんでいただけましたでしょうか。もうおわかりのように，統計では，広い目，長い目でみたときのデータのバラツキのなかから規則性を探し出すための考え方・手法の基礎を提供しています。統計に強いとは，データと現状を表すモデルとの関連性を的確に見極め，情報の質と結論の妥当性との関係を大雑把に把握できるということになります。たえず積極的に身近なできごとのなかから，統計的な見方・考え方の修得の訓練をすることが統計に強くなる道だと思います。

収集した情報のなかに新しい価値を見いだすことが，統計的なものの見方・考え方の基本です。それは個人の経験にもとづく知識や知恵を多面的に用いながら，目的に沿った適切で有効な情報を選択し，利用・活用することによってなされます。

統計の内容は，主に高等学校までは教科「算数」「数学」のなかで教えられています。数学は基本的には（一般的なことから特殊なものを導くという）演繹的思考で展開されますが，統計は（特殊なことから一般的なものを導くという）帰納的思考が主となります。統計学の本質は，帰納的推論のなかに演繹的論理の過程を導入することにより，科学的な結論が導ける点にあることを理解してほしいと思います。まさに，統計は不確実性の数理で，データをあつかう科学です。

最後にすこしだけ難しい言葉になりますが，統計的な考え方が世の中で受け入れられ，よく利用されている構造は，次のページのようなサイクル図で説明できます。

目の前のデータの実態を認識し分析する学問が記述統計で，得たデータから将来のことを予測する学問が推測統計といえます。センサスなど全数調査は前者で，標本調査は後者の対象です。

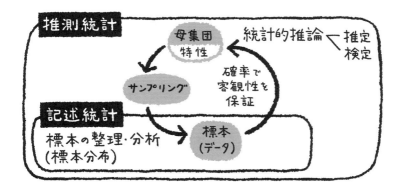

　集団のなかの規則性を探究するというのが統計学の目的でしたが，記述統計においては，集団の規則性は大量に観察することによってのみ発見することができると考えられていました。さらに記述統計から現代の推測統計へと統計理論が発展しはじめたのは 1910 年代後半から 1920 年代のことです。その第一歩は R. A. フィッシャー（1890 〜 1962）が 1922 年に著した画期的な論文『理論統計学の数学的基礎』でした。

　これで統計的推論のある種の客観性が確立され，少数データでも推論ができ，現在のさまざまな分野での統計利用につながっています。その議論の客観性は確率を適正に用いることで保証されています。記述統計と推測統計ではあつかうデータの性質を含めて目指すことに違いがあります。現状認識のための記述統計か，未来予測のための推測統計かです。この 2 つの分野を合わせて近代統計学の理論ということもできます。

　本書を読んでみなさんがすこしでも身のまわりの統計データに関心がもてるようになれば幸いです。

# 参考資料

　統計に関する教養書や専門書は多数出版されていますが，今回筆者が眺めたものに限定してあげます。古い出版のものも多くありますが，内容的には古くはありません。

石井俊全：意味がわかる統計学，ベレ出版，2012

井上勝雄：統計学の考え方，ミネルヴァ書房，1988

池畠　良・景山三平・下村　哲：これだけは知っておきたい　教員のための数学II：解析・統計・コンピュータ，培風館，2007

上田尚一：統計グラフ，朝倉書店，2003

大田　靖・宿久　洋：教養のための統計入門，実教出版，2016

鎌倉稔成・神保雅一・竹田裕一：理工系のための統計入門，実教出版，2016

金田康正：$\pi$のはなし，東京図書，1991

管　民郎・檜山みぎわ：やさしい統計学の本，現代数学社，2001

郡山　彬・和泉澤正隆：統計・確率のしくみ，日本実業出版社，2000

小寺平治：はじめての統計15講，講談社，2013

ジョン・ヘイグ：確率　—不確かさを扱う（木村邦博訳），丸善出版，2015

鈴木義一郎：統計解析術，実教出版，1975

鈴木義一郎：グラフィック統計学，実教出版，1997

鈴木義一郎：統計学で楽しむ，ブルーバックス，講談社，1985

鈴木義一郎：わり算だけの統計学，東京図書，1990

ダレル・ハフ：統計でウソをつく法（高木秀玄訳），ブルーバックス，講談社，1968

東京大学教養学部統計学教室編：統計学入門，東京大学出版会，1991

東京大学教養学部統計学教室編：自然科学の統計学，東京大学出版会，1992

林知己夫著作集編集委員会編：野うさぎを数える，勉誠出版，2004

藤井良宣・佐藤健一・冨田哲治・和泉志津恵：医療系のための統計入門，実教出版，2015

松原　望編：統計学100のキーワード，弘文堂，2005

西岡康夫：単位がとれる統計ノート，講談社サイエンティフィク，2004

統計数値表編集委員会：簡約統計数値表，日本規格協会，1977

羽鳥裕久：あたらしい統計学，培風館，1984

福井幸男：知の統計学1　第2版，共立出版，2001

元山　斉・伊藤有希・高橋　一：経済・経営系のための統計入門，実教出版，2016

森口繁一：おはなし統計入門，日本規格協会，1992

山口和範：よくわかる統計解析の基本と仕組み　改訂版　統計データ分析入門，秀和システム，2006

脇本和昌：統計学　見方・考え方，日本評論社，1984

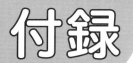

## 本文中に出てきた**数式**や**計算**方法を一部説明します。

### 6 選

$n$ 個のデータ $x_1$, $\cdots$, $x_n$ に対して，平均 $m$，分散 $s^2$，標準偏差 $s$ は次の式で表されます。

$$m = \frac{x_1 + \cdots + x_n}{n}, \quad s^2 = \frac{(x_1 - m)^2 + \cdots + (x_n - m)^2}{n}$$

$$s = \sqrt{s^2} \quad (s^2 \text{の正の平方根})$$

※本文中に，分散を $\sigma^2$，標準偏差を $\sigma$ で表しているところがあります。これは母集団と標本での議論を区別するためですが，詳細は参考資料の書をみてください。正規分布でも使っています。

### 7 選

変動係数（$CV$）とよばれるものは，標準偏差 $s$ と平均 $m$ の相対的な比となる次式で与えられます。

$$CV = \frac{s}{m}$$

変動係数は，単位をもたない無名数になっています。

### 8 選

正規分布のグラフの形は，本文の 10 マルク紙幣上にあるように，数式では次式のように表され，実際の形は本文中で示したように単峰型で左右対称の美しいグラフを描きます。

$$\frac{1}{\sqrt{2\pi\sigma^2}} e^{-\frac{(x-m)^2}{2\sigma^2}}, \quad -\infty < x < \infty$$

また，この正規分布の平均は $m$，標準偏差は $\sigma$ で表されます。
数学で重要な定数である $e$ は，ネイピアの数とよばれ，2.71828…となります。

# 13 選

一般に，独立性の検定のために，2つの要因 A, B に対する次の左側の $2 \times 2$ 表に表されたデータ（観測度数）を考えます。右側の表は割合に直したものです。

| B\A | $B_1$ | $B_2$ | 計 |
|---|---|---|---|
| $A_1$ | $a$ | $b$ | $a+b$ |
| $A_2$ | $c$ | $d$ | $c+d$ |
| 計 | $a+c$ | $b+d$ | $n$ |

| B\A | $B_1$ | $B_2$ | 計 |
|---|---|---|---|
| $A_1$ | $\dfrac{a}{n}$ | $\dfrac{b}{n}$ | $\dfrac{a+b}{n}$ |
| $A_2$ | $\dfrac{c}{n}$ | $\dfrac{d}{n}$ | $\dfrac{c+d}{n}$ |
| 計 | $\dfrac{a+c}{n}$ | $\dfrac{b+d}{n}$ | 1 |

ここで，次のような独立性の仮説を立てます。

「2つの要因 A, B は独立である」

すなわち，$P(A \cap B) = P(A)P(B)$ と同じになります。この仮説が正しいと仮定して，$\dfrac{(観測度数 - 期待度数)^2}{期待度数}$ の和からなるカイ2乗統計量は，次のようになるというものです。

$$\left(a - \frac{(a+b)(a+c)}{n}\right)^2 \div \left\{\frac{(a+b)(a+c)}{n}\right\}$$
$$+ \left(b - \frac{(a+b)(b+d)}{n}\right)^2 \div \left\{\frac{(a+b)(b+d)}{n}\right\}$$
$$+ \left(c - \frac{(a+c)(c+d)}{n}\right)^2 \div \left\{\frac{(a+c)(c+d)}{n}\right\}$$
$$+ \left(d - \frac{(b+d)(c+d)}{n}\right)^2 \div \left\{\frac{(b+d)(c+d)}{n}\right\}$$

$$= \frac{n(ad-bc)^2}{(a+b)(c+d)(a+c)(b+d)}, \quad n = a+b+c+d$$

これが自由度 1 のカイ 2 乗分布に従うことを用いると，仮説の検定ができます（カイ 2 乗分布については参考資料の書をみてください）。

ちなみに，最初と 2 番目の例では，それぞれのカイ 2 乗統計量の値は次のようになります。

$$\frac{252(52 \times 46 - 94 \times 60)^2}{112 \times 140 \times 146 \times 106} = 10.96$$

$$\frac{300(16 \times 126 - 122 \times 36)^2}{52 \times 248 \times 138 \times 162} = 5.87$$

## 14 選

13 選と同様に考えると，最初と 2 番目の例では，それぞれ次の値になります。

$$\frac{20(3 \times 5 - 8 \times 4)^2}{7 \times 13 \times 11 \times 9} = 0.64, \quad \frac{51(64 - 17 \times 18)^2}{26 \times 25 \times 25 \times 26} = 7.07$$

## 15 選

本課題では，求める次のカイ 2 乗統計量の値が，自由度 3 のカイ 2 乗分布に従う値であることを用いて解決できます。

$$\frac{(447-432)^2}{432} + \frac{(152-144)^2}{144} + \frac{(131-144)^2}{144} + \frac{(38-48)^2}{48} = 4.22$$

生まれる男女の性比の計算は以下の通りで，これらは自由度 1 のカイ 2 乗分布に従う値であることを用いて解決できます。

$$\frac{(430-402)^2}{402} + \frac{(374-402)^2}{402} = 3.90$$

$$\frac{(430-413)^2}{413} + \frac{(374-391)^2}{391} = 1.44$$

## 38 選

分布のグラフは単調に減少している形で,一般に,数式 $\lambda e^{-\lambda x}$, $\lambda>0$, $x>0$ で描けるものです。本文中でのグラフは,たて軸と $\lambda$ という値で交わっています。書き込んでください。なお,この分布の平均は $\frac{1}{\lambda}$ です。

## 39 選-1

ポアソン分布は離散型変数 $X$ が,次の式で与えられる確率の分布になります。$\lambda>0$ として

$$P(X=k) = \frac{\lambda^k e^{-\lambda}}{k!}, \quad k=0, 1, 2, \cdots$$

平均と分散は同じ $\lambda$ です。その概形は $\lambda$ の値により変わりますが,たとえば,$\lambda=2$ のときは以下の通りです。

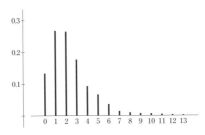

## 39 選-2

1回の実験（試行）で，ある結果 A が起こる確率を $p$ として，この実験を $n$ 回くり返すとき，結果 A の起こる回数の分布が二項分布とよばれます。ちょうど，実験をサイコロ振りで，結果 A をたとえば 3 の目が出るものとすれば，$p=\frac{1}{6}$ の二項分布が現れます。一般に，結果 A の起こる回数が $k$ である確率は次式で与えられます。

$$_nC_k p^k (1-p)^{n-k}, \quad k=0, 1, \cdots, n$$

この二項分布の平均は $np$ となります。ここで $_nC_k$ は二項係数といわれるもので，$n$ と $k$ の値がわかれば理論上整数の値として計算できます。その二項係数は次式で計算します。

$$_nC_k = \frac{n(n-1)(n-2)\cdots(n-k+1)}{k(k-1)\cdots 2 \cdot 1}, \quad 0 \leq k \leq n$$

ただし，$_nC_0 = 1$，$_nC_n = 1$

課題の解は，二項分布として以下の確率で与えられます。

$$_{1000}C_4 (0.002)^4 (0.998)^{996}$$

この計算を直接実行することは大変で現実的ではありません。しかし平均 $np$ は 2，$n$ は 1,000 と大きいので，ポアソン分布の性質を用いると，上記の確率は 0.090224（約 9％）となります。

その計算では，まず，次の定理を使います。

「$np=\lambda$ となるように $n \to \infty$，$p \to 0$ となる極限では，各 $k$ について次式が成り立つ。

$$_nC_k p^k (1-p)^{n-k} \quad \to \quad \frac{e^{-\lambda} \lambda^k}{k!} \quad \text{」}$$

これを利用すると，$\lambda = np = 2$ より，確率は $k = 3$，4 でみるとそれぞれ，次のようになります。

$$\frac{e^{-2}2^3}{3!} = 0.180447, \quad \frac{e^{-2}2^4}{4!} = 0.090224 \quad （課題の答え）$$

## 39 選-3（コラム21）

地価上昇率について計算します。幾何平均は，$n$ 個の正の値のデータがある場合，その $n$ 個のデータの積の $n$ 乗根で与えられます。

ここでの 4 つのデータに対する幾何平均の値は，

$$\{(1+0.202)(1+0.304)(1+0.486)(1+0.128)\}^{\frac{1}{4}} = 1.273$$

で，年平均上昇率は 27.3% となります。

## 41 選

$\lambda = np = 370 \times \dfrac{2}{100} = 7.4$ より，二項分布のポアソン分布による近似（170 ページ参照）を用いて次式で求めるのが普通です。

$$\left(\frac{e^{-\lambda}\lambda^k}{k!} = \right) \frac{e^{-7.4}(7.4)^{15}}{15 \cdot 14 \cdot 13 \cdots 2 \cdot 1}$$

この $\lambda$ の値を用いて，$k$ のいろいろな値に対して確率の値を求めることは二項分布として計算するよりははるかに楽です。ここでは日本規格協会の簡約統計数値表（1977）を眺めることにします。そこでは $\lambda = 7.4$ のポアソン分布で「$k$ の値が 15」という幸運な結果を得る確率は，0.005107（約 0.5%）とあります。

## 索引
INDEX

### あ

| | |
|---|---|
| IQ | 55 |
| アメダス | 126 |
| アメリカ大統領選挙 | 75, 76, 84 |
| RDD法 | 77, 78 |
| 遺伝 | 62, 86 |
| いん石 | 153, 156 |
| ウソの回答 | 20 |
| 円周率 | 132 |
| オッズ | 117 |

### か

| | |
|---|---|
| カイ2乗検定 | 57 |
| カイ2乗統計量 | 57 |
| 回収率 | 70 |
| 回答率 | 70 |
| ガウス分布 | 40 |
| 確率 | 114, 144, 158, 160 |
| 賭け事 | 114, 116 |
| がん | 92, 96 |
| 簡易生命表 | 108 |
| 幾何平均 | 147 |
| 疑似乱数 | 131 |
| 喫煙者率 | 94 |
| ギャンブル | 116 |
| 偶然 | 127, 157 |
| 区間推定法 | 73 |
| くじ引き | 101, 118, 119 |
| グラフ | 15 |
| 経験的確率 | 159 |
| コイン | 148, 155 |
| 航空機墜落事故 | 141 |
| 合計特殊出生率 | 106 |
| 降水確率 | 126 |
| 交通事故 | 136 |
| 高齢化 | 111 |
| 国勢調査 | 46, 47, 51, 99 |
| 国土重心 | 113 |
| 誤差 | 22, 72 |
| 古典的確率 | 159 |

### さ

| | |
|---|---|
| サイコロ | 128, 135, 146 |
| さい銭投げ | 154 |
| 最頻値 | 26 |
| 最尤推定量 | 90 |
| 作況指数 | 19 |
| 3シグマ管理限界 | 39, 51 |
| サンプリング | 53 |
| サンプル | 53, 79, 84 |
| 視覚化 | 14 |
| 支持率 | 52 |
| 指数分布 | 140 |
| 視聴率 | 50, 52, 66 |
| 悉皆調査 | 47 |
| 死亡率 | 105 |
| 出生性比 | 65, 102 |
| 出生率 | 105 |
| 寿命 | 108 |
| 少子高齢化 | 104 |
| 人口 | 100 |
| 人口寄与危険割合 | 96 |
| 人口重心 | 112 |
| 人口調査 | 98 |
| 人口密度 | 101 |
| 推定幅 | 67 |
| 数学的確率 | 158, 159 |
| 正規分布 | 39, 40, 44 |
| センサス | 46 |
| 全数調査 | 47, 51 |
| 層化無作為二段抽出法 | 77 |
| 総数の推定 | 88 |
| 相対リスク | 96 |

### た

| | |
|---|---|
| 体重 | 28 |
| 代表値 | 26 |
| 宝くじ | 120 |
| たばこ | 92 |
| 誕生日 | 138 |
| 知能指数 | 54 |
| 中央値 | 26, 27 |
| 抽出 | 53 |
| 調和平均 | 37 |
| データ | 11, 14, 21 |
| データのバラツキ | 32 |

| | |
|---|---|
| 適合度検定 | 63, 133 |
| 出口調査 | 80, 83 |
| 天気予報 | 124, 125 |
| 当確 | 81 |
| 当確予想 | 52 |
| 統計 | 10, 12, 13 |
| 統計的確率 | 158, 159 |
| 統計の検定手法 | 133 |
| 当選確実 | 82 |
| 当選予測 | 84 |
| 当落速報 | 80 |

### な

| | |
|---|---|
| 二項分布 | 146, 170 |
| 抜き取り検査 | 50 |
| 抜き取り調査 | 129 |
| 年賀はがき | 150 |

### は

| | |
|---|---|
| 破壊調査 | 50 |
| 払戻率 | 116 |
| 範囲 | 31 |
| 標識再捕獲法 | 88 |
| 標準化 | 41 |
| 標準偏差 | 31, 34 |
| 標準量 | 41 |
| 標本 | 53 |
| 標本調査 | 50, 51, 52, 74, 107 |
| 品質管理 | 39 |
| 頻度論的確率 | 159 |
| 分散 | 31 |
| 平均寿命 | 108, 110 |

| | |
|---|---|
| 平均値 | 24 |
| 平均余命 | 108, 110 |
| 偏差値 | 42, 44 |
| 偏差知能指数 | 55 |
| 変動係数 | 31, 35 |
| ポアソン分布 | 144, 145, 146 |
| 捕獲・再捕獲法 | 88, 91 |
| 母集団 | 53 |

### ま

| | |
|---|---|
| 待ち行列理論 | 141 |
| 待ち時間 | 140, 141 |
| 見える化 | 14 |
| 無作為 | 129, 130 |
| 無作為抽出 | 77, 79 |
| 目盛り | 16 |

### や

| | |
|---|---|
| 予防接種 | 60 |
| 世論調査 | 50, 70, 75, 76 |

### ら

| | |
|---|---|
| 乱数サイ | 130 |
| 乱数表 | 131, 143 |
| ランダム | 129, 130, 132 |
| ランダムサンプリング | 77 |
| 理論値 | 62 |
| 連勝 | 148 |
| 老年化指数 | 100 |

### わ

| | |
|---|---|
| 割り当て法 | 75, 85 |

■執筆

広島大学名誉教授
元東京理科大学理数教育研究センター客員教授
景山三平
（かげやまさんぺい）

| | 表紙・本文基本デザイン |
|---|---:|
| あなたのまわりのデータの不思議 | 難波邦夫 |

2017年10月10日　第1刷発行
2024年 8 月 1 日　第2刷発行

|  | 著作者 | 景山三平 |
|---|---|---|
|  | 発行者 | 小田良次 |
|  | 印刷所 | 大日本法令印刷株式会社 |
|  | 発行所 | 実教出版株式会社 |
|  | 〒102-8377 | 東京都千代田区五番町5番地 |
|  |  | 電話〈営業〉　　(03)3238-7765 |
|  |  | 〈企画開発〉(03)3238-7751 |
|  |  | 〈総務〉　　(03)3238-7700 |
| ＜無断複写・転写を禁ず＞ |  | https://www.jikkyo.co.jp/ |

©S. KAGEYAMA　2017

ISBN 978-4-407-34461-5　C0033　　Printed in Japan